いちばんおいしくできる
きほんの料理

朝日新聞出版

いちばんおいしくできる きほんの料理 CONTENTS

Part 2　おいしいコツがひと目でわかる！ 人気のおかず BEST10

- 36　野菜炒め
- 40　ハンバーグ＋つけ合わせ
- 43　トッピングアイデア
  　　トマトチーズのせ／アボカドソース
- 44　餃子
- 47　具材バリエーション
  　　鶏ひき肉とキャベツのみそ餃子／
  　　えびとれんこんの餃子
- 48　マカロニグラタン
- 52　シュウマイ
- 55　Arrange recipe
  　　しいたけシュウマイ
- 56　鶏のから揚げ
- 60　フライの盛り合わせ
- 64　ロールキャベツ
- 68　いわしの梅煮
- 72　ビーフシチュー

Column　フライパンで一緒に 副菜も一緒に作る！
- 76　さばの塩焼き
- 77　Arrange recipe
  　　さばの粗びき黒こしょう焼き
- 78　ペッパーステーキ
- 80　鮭のムニエル

Column　卵料理のきほん
- 82　ゆで卵
- 83　目玉焼き
- 84　スクランブルエッグ
- 85　炒り卵
- 86　プレーンオムレツ
- 87　Arrange recipe
  　　スペイン風オムレツ／ほうれん草とトマトのオムレツ
- 88　卵焼き
- 89　Arrange recipe
  　　じゃこと万能ねぎの卵焼き／かにかまぼこの卵焼き

Column　安心！おいしい！手作り調味料のススメ❶
- 90　めんつゆ

Part 1　必ずおいしく作れる！ おいしさのルール

- 6　この本で作るといちばんおいしくできる理由
- 8　流れがわかる！ 晩ごはんナビゲート
- 10　本を見て料理をセレクト
  　　この本の見方＆使い方をマスターして
  　　献立を立てるコツ
- 12　材料を揃える
  　　食材と調味料の特徴を知る!
- 14　使う道具を用意する
  　　これさえあれば料理はグンとうまくなる!!
- 16　ごはんを炊く
  　　ふっくらつやつやごはんの炊き方
- 17　だしをとる
  　　だし汁は料理をおいしくする基本
- 18　下ごしらえをする
  　　おいしさは切り方と大きさで決まる
- 19　包丁の名称と使い方を知る
- 20　切り方カタログ
- 22　料理がおいしく仕上がる
  　　とっておきの下ごしらえのコツ
  　　野菜編
- 25　肉・魚介編
- 26　本調理(火を通す)
  　　火加減と水加減をしっかりマスター!
- 28　フライパンで作る
  　　調理法別火加減のコツ
- 30　本調理(調味する)
  　　はかることがおいしさの近道
- 32　おいしさの基準は塩分にあり!!
- 34　盛りつける
  　　つけ合わせも彩りよく

目次

Column　豆腐料理のきほん
- 140　水きりの種類／絹ごし豆腐の水きり
- 141　冷や奴いろいろ
　　　香味野菜のっけ／生トマトソースのっけ／
　　　ツナソースのっけ
- 142　揚げ出し豆腐
- 143　豆腐コロッケ

Column　安心！おいしい！手作り調味料のススメ❷
- 144　浸しじょうゆ／ポン酢しょうゆ

Part 3　おぼえておきたい！基本のメインおかず

▶ 煮もの
- 92　チキンヨーグルトカレー
- 94　肉じゃが
- 96　かれいの煮つけ
- 98　ぶり大根
- 100　かぶのそぼろ煮
- 102　鶏つくねの炊き合わせ

▶ 焼きもの
- 104　豚肉のしょうが焼き
- 106　焼き豚
- 108　ぶりの照り焼き
- 109　Arrange recipe　鶏のみそ照り焼き
　　　菊花かぶ
- 110　焼き鳥・つくね
- 112　アスパラガスの肉巻き焼き
- 113　Arrange recipe
　　　豚肉の野菜巻き照り焼き／キャベツの肉巻き焼き

▶ 炒めもの
- 114　麻婆豆腐
- 116　チンジャオロースー
- 118　えびのチリソース炒め
- 120　ゴーヤチャンプル
- 122　プルコギ

▶ 蒸しもの
- 124　茶碗蒸し
- 125　トッピングアイデア
　　　オクラ＋梅／トマト＋オリーブ油
- 126　白身魚の香り蒸し
- 128　フライドチキン・フライドポテト

▶ 揚げもの
- 130　とんかつ
- 131　Arrange recipe　キャベツメンチ
- 132　簡単春巻き
- 133　Arrange recipe
　　　えびとアボカドの春巻き／
　　　かぼちゃとチーズの春巻き
- 134　野菜の天ぷら
- 136　いわしのごぼう寄せ揚げ
- 138　コロッケ

Part 4　おぼえておきたい！基本のサブおかず

▶ サラダ
- 146　グリーンサラダ
- 147　いろいろトッピング　アーモンド／チーズ／パセリ
- 148　ポテトサラダ
- 149　Arrange recipe
　　　クリーミーポテトサラダ／
　　　ソーセージ入りポテトサラダ
- 150　豚しゃぶの和風サラダ
- 151　マカロニサラダ
- 152　にんじんラペ
- 153　シーザーサラダ
- 154　コールスロー／アボカドマヨネーズサラダ
- 155　焼きれんこんのサラダ／
　　　大根とほたて缶のサラダ

▶ 煮もの
- 156　ひじきの煮もの
- 157　切り干し大根の煮もの／かぼちゃの煮もの

▶ 炒めもの
- 158　小松菜のにんにく炒め
- 159　ジャーマンポテト
- 160　きんぴらごぼう
- 161　にんじんのたらこ炒め

▶ 小鉢
- 162　ほうれん草のお浸し
- 163　キャベツの煮浸し／きのことズッキーニの焼き浸し
- 164　簡単白あえ
- 165　いんげんのごまあえ／焼きなす
- 166　きゅうりとわかめの酢のもの
- 167　うどとえびの黄身酢かけ／ゆできのこの梅あえ

麺
- 188 スパゲッティ・ミートソース
- 189 えびとブロッコリーのペペロンチーノ
- 190 カルボナーラ
- 191 スパゲッティ・ナポリタン／スパゲッティ・ボンゴレ
- 192 焼きそば
- 193 とろろそば／木の葉うどん

パン
- 194 ミックスサンドイッチ
- 195 かつサンド
- 196 フレンチトースト
- 197 ガーリックトースト

- 198 野菜をおいしく食べる！目利き＆保存法
- 202 よくわかる！調理用語事典
- 204 INDEX

Column　みそ汁・スープのきほん
- 168 豚汁
- 169 **みそ汁の具バリエ**
  じゃがいもと玉ねぎと絹さや／
  あさりとわけぎ／キャベツとトマトと油揚げ／
  豆腐とわかめと長ねぎ
- 170 じゃがいものポタージュ
- 171 ミネストローネ

- 172 Column　あまりがちな 調味料の使い方

Part 5　おぼえておきたい！ごはん・麺・パンレシピ

ごはん
- 174 白ごはん
- 175 玄米ごはん／雑穀ごはん
- 176 白がゆ／中華がゆ
- 177 炊き込み赤飯
- 178 鶏肉と根菜の炊き込みごはん
- 179 **バリエーション**
  塩鮭とコーンの炊き込みごはん
- 180 おにぎり
- 181 **おにぎりアレンジ**
  えび天むすび／ツナマヨ／
  ちりめんじゃことキゅうり／青菜漬けと切りごま
- 182 ばらちらし寿司
- 183 オムライス
- 184 チャーハン
- 185 **Arrange recipe**　高菜チャーハン
- 186 変わり親子丼／牛丼
- 187 鶏そぼろ丼／まぐろとキムチの韓国風のっけ丼

この本の使い方
- 材料は2人分を基本としていますが、料理によっては作りやすい分量で表記しています。
- 計量単位は大さじ1＝15㎖、小さじ1＝5㎖、1カップ＝200㎖です。
- カロリーは1人分、もしくは1食分です。
- 野菜は調理をする前に必ず水洗いをしましょう。
- 電子レンジの加熱時間は600Wを基本としています。500Wの場合は加熱時間を1.2倍にしてください。
- 作り方に「蓋をする」という表記がないときは、蓋をせずに加熱してください。
- 火加減や加熱時間は、わかりやすいようにマークや色で表示しています。参考にしてください。
- 野菜を買い出しに行くときは、P198 野菜をおいしく食べる！目利き＆保存法をチェックしましょう。
- レシピ中にわからない用語が出てきたら、P202 よくわかる！調理用語辞典を参考にしてください。
- 調理時間は、下ごしらえから仕上げるまでの時間を基準としています。

Part 1

必ずおいしく作れる！
おいしさのルール

レシピ通りに作っても、
なんとなくおいしくない……。
そんな人こそ知ってほしい
「おいしさのルール」。
おいしく作れる秘訣を
じっくり読み込むところから
スタートしましょう！

はじめてでもできる！
この本で作るといちばんおいしくできる理由(ワケ)

おいしいワケ 1
食材の特徴に合わせた『おいしい』を引き出す調理法

「きほんの料理」というと、昔から言い伝えられてきた調理法を守ることが重視されがちですが、食材の昔と今では、香りもアクも味もすべてが違います。最近出回っている食材を、昔の方法で調理しても、やはりおいしくはできません。本書では、現在、スーパーに並ぶ食材のおいしさを最大限に引き出す、"調理法の新常識"を用いた作り方を紹介しています。昔の調理法よりもラクで、無駄がなく、効率的に作れて、とびきりおいしい料理の数々……。この本の通りに作って、この感動をぜひ味わってほしいと思います。

おいしいワケ 2
味つけの方程式でいちばん『おいしい』レシピ

料理はそこそこ作れるけれど、どうしても味が決まらない……、レシピ通りに作っているのに、いまひとつおいしくない……と悩んでいる人はいませんか？ 本書では、いつでもおいしく味つけできるよう、料理別に「味つけの方程式」を用いて味を構成しています。だからこそ、レシピに表示した分量通りに「はかる」ことが何より重要。食材と調味料をレシピ通りにはかることから始めましょう。

おいしいワケ 3
材料の組み合わせでさらに『おいしい』!!

食材にはさまざまな特徴があり、それらを生かす調理をすると、料理は必然的においしくなります。例えば、水分の少ない食材は、じっくり時間をかけて煮ることでおいしさを引き出せますし、水分の多い食材は、だしや調味料の分量を少なくして、蒸し煮にすることで素早く火が通っておいしくなります。これらの特徴を生かして組み合わせるとさらに効率的においしく仕上がるのです。

水分が多いので煮汁は少なく
チキン

水分が少なめだからじっくり加熱

流れがわかる！ 晩ごはんナビゲート

早速、ごはん作りをスタートさせましょう。ごはん作りは段取りが一番大切。流れを覚えておくことで、調理がスムーズに進みます。それぞれの工程を順を追って解説します。

本を見て料理をセレクト
- この本の見方＆使い方をマスターして献立を立てるコツ

P.10〜11
- この本の見方を理解することで、活用度が高まります。献立もラクに立てられるように！

材料を揃える
- 食材と調味料の特徴を知る！

P.12〜13
- 料理が決まったら、材料の食材を用意。知っておくと役に立つ情報をチェック！

使う道具を用意する
- これさえあれば、料理はグンとうまくなる！

P.14〜15
- 次に使う道具を用意します。大庭先生おすすめの調理器具を揃えるとグンと腕が上がります。

ごはんを炊く
- ふっくらつやつやごはんの炊き方

P.16
- 材料や調味料、道具を用意したら、ごはんを炊きましょう。最近のお米に合った洗い方をマスター。

だしをとる
- だし汁は料理をおいしくする基本

P.17
- 炊飯器のスイッチを入れたら、だし汁をとります。たっぷりとって、冷蔵保存がおすすめ。

よしっ！

完成!!

← 盛りつける

← 本調理(調味する)

← 本調理(火を通す)

← 下ごしらえをする

←

- おいしさは切り方と大きさで決まる
- 切り方カタログ
- 料理がおいしく仕上がるとっておきの下ごしらえのコツ
- 火加減と水加減をしっかりマスター!
- フライパンで作る調理法別火加減・水加減のコツ
- はかることがおいしさへの近道
- おいしさの基準は塩分にあり!!
- つけ合わせも彩りよく

← 献立の立て方から スタート!

P.18~19 / P.20~21 / P.22~25 / P.26~27 / P.28~29 / P.30~31 / P.32~33 / P.34

一番重要な下ごしらえ。切り方と大きさの関係、野菜、肉、魚の下ごしらえのポイントをおさえましょう。

下ごしらえが終わったら、加熱調理に入ります。意外とわかりにくい火加減と水加減を覚えましょう。

火が通ってきたら、最後は調味します。適正な塩分濃度やはかることの重要性をしっかりつかんで!

料理がおいしく仕上がったら、器に盛りつけましょう。つけ合わせと一緒に盛りつけるコツをおぼえて。

本を見て料理をセレクト

この本の見方＆使い方をマスターして献立を立てるコツ

本書には、料理をおいしく作るための、あらゆるコツを紹介しています。本書の見方を理解するだけで、おいしい料理作りに一歩近づけます。

コツ1　まずはひと通りレシピを読んで流れをつかむ

本書で作りたいレシピをピックアップ。そのページをまずはじっくり読みましょう。ひと通りの流れを把握することで、段取りを考えられます。いつ火にかけるのか、火力はどうするのか、調味料を加えるタイミングは？などなど、予習しておくと調理がスムーズに。「おいしいコツ！」や先生のアドバイスを併せて読むとさらにgood！おすすめの副菜も紹介しているから、毎日の晩ごはん作りもラクラクです。

最初におさえておきたい下ごしらえポイントを黄色いラインで紹介。

料理のおいしいコツをポイントごとにわかりやすく解説。

加熱調理の際に一番大切なポイントは黄色いラインや吹き出しで紹介します。

覚えておくとさらに料理が楽しくなる、大庭先生からのアドバイス。

組み合わせると相性のいい副菜をナビゲート。献立の参考に。

なるほどね

本を見て料理をセレクト

コツ2 ビジュアルで状態やタイミングを確認する

本書の特徴として、ひと目で調理の工程や、食材の状態、火の通り加減などがよくわかるように「ビジュアル」を大切にしています。特にPart2の人気のおかずでは、大きいプロセス写真でわかりやすく解説。切り方や下ごしらえはもちろん、どのぐらいまで混ぜる？ 焼く？ 揚げる？ などの状態をしっかり確認することができ、ひと通り見るだけで調理工程のイメージをつかむことができます。

大きい写真で、超リアルに調理の工程と食材の状態を確認できます。

調味料を加える工程には、調味料アイコンを載せて使いやすく！

さらに料理を楽しめるトッピングアイデアやアレンジレシピも紹介！

工程を写真で確かめられます。

カテゴリー別に紹介しているから、選びやすい！

コツ3 メインを決めたらおすすめの組み合わせおかずで献立を立てる

晩ごはんを作るときに、一番困るのが献立作り。本書では、メイン料理によく合うおすすめの副菜を紹介しています。ページ数も記載しているので、すぐにそのレシピページをひらくことができて便利。ただ、おすすめ献立はあくまでも一例なので、副菜の「サラダ」「煮もの」などカテゴリーの中から、好みのレシピを選んで組み合わせると、さらにバリエーションが広がります。

11

材料を揃える

食材と調味料の特徴を知る！

本書を見て献立を決めたら、早速食材を揃えます。料理をおいしく作る第一歩は、食材や調味料の特徴をおさえることです。

食材の持つ香り、味、クセなどは変化する

野菜の香りや味、アク、苦味などの特徴は昔と比べて変化しています。今まであたりまえとされてきた食材別の下ごしらえや調理法は、おいしく仕上がらないことも。例えば、昔は流通手段があまり発達していなかったので、足が早い青背魚は沸騰した煮汁で調理されていました。近年は流通の発達に伴い、新鮮なものが手に入るようになりましたが、鮮度のよい青背魚は皮が薄く、沸騰した煮汁に入れて煮

食材と調理道具に合わせた新調理法

食材の変化や調理道具の発達などにより、新しい調理法で手間をかけずに、おいしくなります。

煮魚を青背魚で作るときは冷たい煮汁から火にかける
すべての調理法ではないけれど、煮魚で新鮮な青背魚を使うときは、必ず冷たい煮汁から火にかけて。皮が破れず、ふっくらとした仕上がりに。

むきえびは背わたをとらなくてもよい
現在、出回っているむきえびは、背わたがないものがほとんど。無頭のブラックタイガーも背わたのないものが増えています。

牛赤身肉のステーキはしっかり火を通す
ステーキは、脂身の多さによって焼き方が異なります。脂身の多いサーロインは表面をさっと焼く、赤身肉はしっかり火を通すとおいしく仕上がります。

ハンバーグに加える玉ねぎは飴色まで炒めない
玉ねぎは飴色になるまで弱火でじっくり炒めるのが基本ですが、みじん切りにした玉ねぎにバターを加え、電子レンジ加熱するだけでも十分。

ごぼうは酢水ではなく水にさっとさらす
ごぼうはアクが多いので酢水にさらすのが基本でしたが、現在出回っているものはアクが少ないため、水に2～3分さらすだけでOK。

大根は米のとぎ汁ではなく米を加えて下ゆで
従来の米のとぎ汁を加えてゆでる方法は、大根のえぐみなどは消えますが、とぎ汁でなくても、お米を加えてゆでれば、同様の効果が期待できます。

eiko's advice

食材の水分・持ち味を知るために産地を意識する
食材の特徴として、水分の多い、少ないを把握しておくと調理の際に役立ちます。それぞれの食材に含まれる水分によって、調味料の分量を調整します（P.32～33参照）。また、食材の持ち味は産地によっても違うので、意識しておくといいでしょう。

味を決めるのは『塩加減』！

さまざまな料理の味のバリエーションは、調味料の組み合わせから作られます。味は「塩味」「甘味」「酸味」「苦味」「辛味」の5つから作られますが、中でも「塩味」はおいしさを決める基本です。だからこそ「塩」にはこだわりたいところ。塩の種類は「精製塩」と「自然塩」があり、調理によって使い分けます。「精製塩」はパスタをゆでるときや、きゅうりの塩もみなどの下ごしらえに、「自然塩」は調味として使うのがおすすめです。また、ごま油、オリーブ油など、油にもこだわりましょう。風味豊かな油は、それだけで素材のおいしさを引き立てます。

※材料を揃える

るると皮が破れるので冷たい煮汁から煮ます。また、昔の野菜はアクが強く、酢水にさらすなどの下ごしらえが必要でしたが、最近の野菜はアクが少ないので、水に2〜3分さらすだけで大丈夫です。

精製塩
塩化ナトリウムを精製して作られたもの。サラサラとして下ごしらえなどに使いやすい。

自然塩
海水から作る「自然海塩」と塩の鉱床からとる「岩塩」があり、ミネラルや旨味が多い。

＼ 本書で使っている基本調味料 ／

しょうゆ
一般的なしょうゆは「濃口」。薄口しょうゆは色が薄く塩分が強いタイプ。

みそ
一般的なみそは「合わせみそ」。「白みそ」は甘口、「赤みそ」は塩分が高いものが多い。

酒
生臭さを消したり、旨味や香りを加え、味をしみ込みやすくする。

みりん
上品な甘味があり、コクや旨味を出す。照りやつやをつけたりする効果も。

酢
食材に酸味をつける、塩味をやわらげる効果がある。殺菌作用があり、魚の臭み取りにも。

油
食材を加熱して焼いたり揚げたりしてコクを出すとともに、風味や香りをつける。

＼ 風味豊かな油にこだわる ／

オリーブ油
オリーブの果実を搾って作られた油。エクストラバージンオイルは生（ドレッシングなど）で使うのにおすすめ。

ごま油
白ごまを焙煎してから搾って作られる食用油。白ごま油は白ごまを生のまま搾ったもの。

使う道具を用意する

1 26cmのフライパン&蓋

直径26cmのフッ素樹脂加工のフライパンをひとつ用意しておきましょう。炒めものや肉、魚のソテー、揚げものなど万能にこなします。ピッタリサイズの蓋があれば、蒸し料理、煮ものもできて便利です。

これさえあれば料理はグンとうまくなる!!

おいしい料理を作る際に重要なのが、調理道具。フライパンや鍋など、大きさや素材などの特徴をおさえて揃えておくことで、見違えるほどおいしい料理が作れます。

\ 何でもできる! /

フライパン

ゆでる	焼く	炒める
揚げる	煮る	蒸す

ガラスの蓋は中が見えやすい!

こんなときどうする？

手持ちのフライパンの大きさが違うときは？

もし、手持ちのフライパンの大きさが異なる場合、特に煮ものなどは、水分量の調整が必要です。大きい場合は面積が広くなる分レシピの分量の2〜3割を増やし、小さい場合は減らします。

\ 煮る・蒸すときの必需品! /

ガラスの蓋

煮る	蒸す

こんなときどうする？

蓋が大きくても大丈夫？

フライパンの蓋は、サイズぴったりのものが一番です。蓋が大きくても、24・26・28cmなどいろいろなサイズのフライパンに対応できるタイプの蓋ならOK。合わないものは蒸気を逃がすので不向きです。

eiko's advice

フライパンをもうひとつ用意するなら18cmを

目玉焼きや卵焼きを作るときに、直径18cmのフライパンがあると便利。ゆでるなどの下ごしらえやつけ合わせなどの加熱調理、少量の揚げものなどに。

使う道具を用意する

2 24cmの両手鍋・16cm片手鍋

口径24cmのやや深めの厚手の鍋を用意しましょう。パスタをゆでたり、ビーフシチューなどのじっくり煮込み料理にはムラなく、やわらかく火を通す多重構造の鍋がおすすめです。口径16cmの片手鍋は下ゆでや汁ものを作るときに。

＼ 煮もの・パスタを ／
＼ ゆでるときに ／

24cm両手鍋

| ゆでる | 煮る | 揚げる |

こんなときどうする？

ロールキャベツを並べてすき間ができたら？

ロールキャベツを煮るときは、鍋にすき間なく並べるのが基本。鍋が大きすぎてすき間ができたら、余ったゆでキャベツなどを詰めて安定させて。

＼ 下ゆで・汁ものを ／
＼ 作るときに ／

16cm片手鍋

| ゆでる | 煮る |

こんなときどうする？

片手鍋と行平（雪平）鍋はどっちがいい？

片手鍋は蓋がついているので、副菜などの煮ものを作るときに便利。行平鍋はさっと煮るなど短時間の調理に。

3 サラダスピナー

サラダに使うレタスなどの水きりや、炒めものに使う野菜の水きりに。100円ショップでも手に入る。

＼ 何でも水きり！ ／

取っ手つき筒状タイプ

| サラダ | 炒めもの |

こんなときどうする？

どんなタイプがおすすめ？

取っ手がついていて、筒状のタイプは収納もしやすく便利。取っ手があると安定して回転させられるのでおすすめ。

4 ソルト＆ペッパーミル

ひきたてのこしょうの香りは料理のおいしさを格別に引き立てます。同様にソルト（塩）用のミルがあると、細かい塩がまんべんなく食材にかかって味に偏りがなくなります。

こんなときどうする？

塩ならなんでもいい？

ソルトミルは、少しかたまりのある岩塩に使用するのがおすすめ。海塩は向きません。

15

ごはんを炊く

ふっくら つやつや ごはんの炊き方

材料、調味料、道具の用意ができたら、早速、ごはんを炊きましょう。最近のお米の特徴に合わせた一番おいしくできるごはんの炊き方を紹介します。

米はとぐより、洗うこと

従来の白米はぬかが多かったため、手のひらでギュッギュッと力強くといでいましたが、近年の白米はぬかが少ないのでやさしく洗うのがポイント。力を入れすぎると米が割れてしまいます。とは言っても、はじめに加えた水は、軽く2〜3回混ぜたらすぐに水を捨てることを忘れずに。お米を洗ったら、素早く水をためて捨てることをくり返します。

おいしい洗い方

最初に注いだ水は手早く捨てる
最初に注ぐ水には特にぬかが溶けやすいので、その水を米に吸収させないように、手早く捨てること。

指を立てて混ぜるように洗う
手の指を広げて立てて、一方向に10回ぐらいやさしく混ぜて。水を入れて混ぜ、水を捨てるを2〜3回くり返します。

浸水のこと

洗って水を何度か替えたら、ザルにあげて20〜30分ほどおき、水けをよくきり、炊飯器の内釜に入れて米の分量の目盛りまで水を加え、30分ほどおいて浸水します。こうすることで、米がしっかりと水を吸収し、ふっくら仕上がります。

---

eiko's advice

炊き上がったら、よくほぐすこと

炊きたてのごはん粒の間には水分が残っているので、炊き上がったら、しゃもじで全体をほぐしましょう。そのままにしておくと、湯気がこもってベチャッとします。

最近の米はぬかが少ない！

だしをとる

だし汁は料理をおいしくする基本

つい面倒でだしをとらない人が増えていますが、かつお節と昆布でとっただし汁さえあれば、料理は見違えるほどおいしくなります。基本のとり方を覚えましょう。

まとめてとって保存が◎

だし汁は大きめの鍋でまとめてとりましょう。昆布とかつお節で定番のだし汁をとったら、ペットボトルに入れて冷蔵庫に保存すると便利です。また、本当に忙しい人は、市販のだしパックなどを利用してもいいでしょう。最初にとった「一番だし」はみそ汁や吸いものに、一度だしをとった昆布とかつお節に水を加えて煮出す「二番だし」は煮もののだし汁に使うのがおすすめです。

だし汁は自分でとるのが一番！

ペットボトルで保存が◎

たっぷりのだし汁をとって汁ものや料理に使ってあまったら、ペットボトルに入れて蓋をし、冷蔵庫で保存がおすすめ。

保存期間 3〜4日間

かつお節と昆布のだし（一番だし）のとり方

1 昆布を浸す

鍋に軽く汚れをふいた昆布（5×5cm）1枚を入れ、水4カップを加えて30分ほどおき、昆布の旨味を水に移します。昆布は30分以上浸すのがベスト。

2 沸騰直前に取り出す

鍋を中火にかけ、細かい泡がプツプツと出てきて沸騰直前になったら、昆布を取り出します。煮すぎると昆布の臭みやぬめりが出てくるので気をつけて。

3 かつお節を加える

沸騰した2の鍋にかつお節ひとつかみ（20g）を一度に加え、煮立って30秒ほどしたら火からおろします。

4 こす

かつお節が底に沈んだら、ボウルにザルをのせ、だし汁をこします。かつお節は絞らないこと。

下ごしらえをする

おいしさは切り方と大きさで決まる

料理のおいしさは、下ごしらえをしっかりして、料理に合った大きさに切ることが何より大切です。特に食べる際の食材の大きさは、おいしいと感じる際のポイントになるので、参考にしてみましょう。

eiko's advice

口に入りやすい大きさは3cm

日本では、箸で食べる習慣があるため、箸でつかんで口に入れるほどよい大きさにします。その大きさは3～4cm。箸でつかめるやわらかさにしておくこともおいしさの重要なポイントです。また、レシピで表記されている肉や野菜の一口大に切るというものはだいたい3cm角が目安です。

3cm

実物大

お浸しの大きさは 3～4cm

ほうれん草をゆでて水けを絞り、3～4cmの長さに切ると、箸でつかんで口に入れるとほどよい大きさに。

煮ものの大きさも 3～4cm

炊き合わせの肉団子、厚揚げ、小松菜、にんじんの大きさは3cmぐらいの大きさに揃えます。

column

すべてが3cmではないけれど覚えておいて

3cm長さはすべての料理に言えることではないけれど、「食べやすい大きさ」として頭に入れておきましょう。大きめの煮ものも、食べるときに3cmぐらいに切って口に運べば、食べやすいうえ、よく味わうことができます。

下ごしらえをする

包丁の名称と使い方を知る

包丁は全長30cmぐらいのステンレス製の包丁を1本用意しましょう。包丁の名称を覚えて、適切な使い方をマスターして。

トマトのヘタを取る
切っ先をヘタのまわりに刺してグルリと回して取ります。

切っ先
包丁の一番先端の尖ったところを「切っ先」といいます。ヘタを取る、筋切りなどに。

ピーラーも活用！
皮をむくなら、ピーラー（皮むき器）も便利。そのまま薄切りにするのもピーラーを使うと簡単。

刃先
包丁の刃のついている部分のこと。食材を切るときや皮をむくときにこの刃先を使います。

はら
包丁の内側の平らな部分をはらといいます。この部分を利用してにんにくなどをつぶします。

にんにくをつぶす
にんにくを半分に切り、包丁のはらを上にのせ、手のひらをあてて体重をかける。

アボカドの種を取る
アボカドの種は、包丁の刃元を刺してねじりながら取ります。

刃元
刃先の持ち手に一番近い部分。じゃがいもの芽を取るときやアボカドの種を取るときなどに使います。

柄
持ち手のこと。素材はいろいろで木製、ステンレス、樹脂などがあります。

包丁のお手入れ
使ったあとは汚れを洗剤のついたスポンジで洗い、水洗いをしたら、熱湯をかけて乾いた布巾でふき取って。柄を洗うのも忘れずに。

包丁を持つ姿勢
まな板と平行に、こぶしひとつ分ぐらいあけ、利き手側の足を斜め後ろに引いて斜めに立ちます。

切り方カタログ

拍子木切り
4cmぐらいの長さに切り、1cm厚さの直方体にし、切り口を下にして置き、端から1cm幅ぐらいに切ります。しょうが、きゅうりなど。

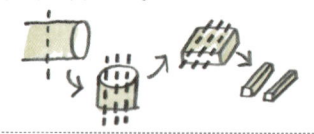

せん切り(キャベツ)
端から繊維に沿って細く切るとしっかりとした歯応えに、直角に切るとやわらかい歯応えになります。

輪切り
皮をむいて切り口と平行に、端から一定の幅で切ります。幅は料理によって調整。大根、にんじんなど。

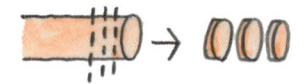

さいの目切り
1cm×1cmの棒状に切ったら、端から1cm幅に切ってさいころ状に切ります。トマト、じゃがいも、きゅうりなど。

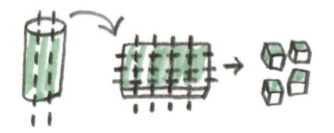

せん切り(長ねぎ、セロリなど)
4cm長さに切り、繊維に沿って薄切りにしてから、端から1～2mm幅に切る。

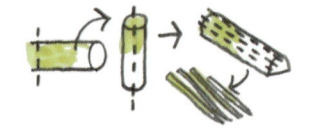

半月切り
縦半分に切って、切り口を下にして置き、端から一定の幅で切ります。半月に見えるから半月切り。大根など。

薄切り
縦半分に切って、切り口を下にして置き、繊維に沿って端から薄く切ります。玉ねぎなど。

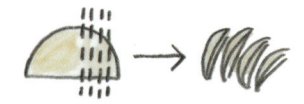

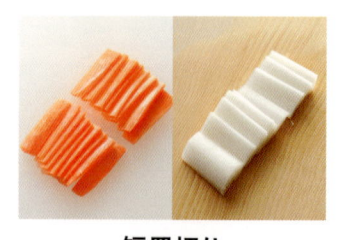

短冊切り
4cmぐらいの長さに切って、1cm厚さの直方体にし、切り口を下にして置き、端から薄切りにします。にんじん、大根など。

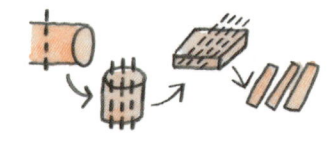

いちょう切り
縦4等分に切って端から一定の幅に切ります。いちょうの葉のような形に。にんじん、大根、れんこんなど。

20

切り方カタログ

本書の中で紹介する基本の切り方。わかりやすい図解で手順を理解しましょう。

乱切り
切り口の面積を広くするための切り方。手前に回しながら切り口の真ん中を割るように切ります。さつまいも、きゅうり、にんじんなど。

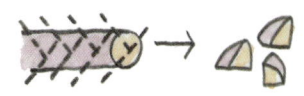

くし形切り
縦半分に切り、切り口を下にして、放射状に指定の幅に切り分けます。トマトやじゃがいもなど。

みじん切り（玉ねぎ）
縦半分に切り、根元を切り離さないように端からごく細かく切り込みを入れ、向きを変えて切り込みと直角に横に2～3カ所切り込みを入れ、垂直に細かく刻みます。

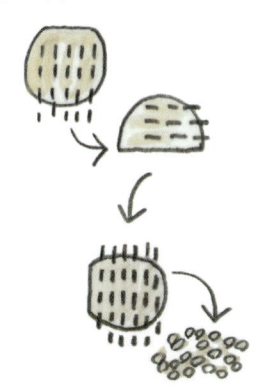

ざく切り
大きくザクザクと3～4cmほどの指定の大きさに包丁で切ります。レタスやキャベツなど。

小口切り
丸くて細長い野菜を端から一定の幅で切ります。きゅうりは輪切りにするともいいます。きゅうりやねぎなど。

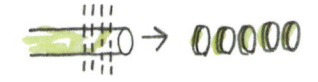

斜め切り
縦に2～4つに切って、切り口を下にして置き、斜めに包丁を入れて同じ幅の薄切りにします。なすやきゅうりなど。

みじん切り（にんじん、しょうがなど）
薄切りにしたものを少しずつずらして重ね、端から2mm幅に切る。向きを変え、端からできるだけ細かく刻む。

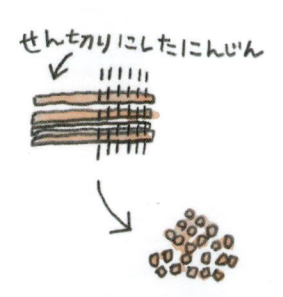

せん切りにしたにんじん

eiko's advice

レシピ通りの切り方にすると必ずおいしく仕上がります

レシピの切り方や大きさは、おいしく仕上げるために考えられています。切り方・大きさはレシピ通りにするのが失敗しないコツ。適当にしてしまうと調味料の分量や火加減も微妙に変わるので注意しましょう。

野菜編

とっておきの 料理がおいしく仕上がる 下ごしらえのコツ

本書で紹介する料理が一番おいしくできる理由のひとつに、下ごしらえがあります。これさえ覚えておけば、味と仕上がりにグンと差が出ること間違いなしです。

切る

切り方や大きさによって見た目、煮える時間、食べやすさが変わる！

■ **繊維を断ち切るように切ると食べやすくなる**

ピーマンなどは繊維に沿って切るよりも、繊維を断つように斜めに切ると火が通りやすくなり、やわらかく食べやすくなります。炒めものに使うときにおすすめの切り方。

■ **シャキシャキの食感を出すなら繊維に沿って切る**

セロリや長ねぎのように、シャキシャキの食感を残したい場合は、繊維に沿って切ります。煮崩れしにくいので、蒸しもの、煮ものなどにも向いています。

洗う　食材についた土やゴミを取り除く！

葉もの野菜は水につける

ほうれん草などは根に十字の切り込みを入れて、水をはったボウルに10分ほどつけると、根元部分が開き、泥が落ちやすくなる。

皮をむく　食べやすく、食感をよくする！

皮は包丁やピーラーでむく

にんじんや大根、じゃがいもなどの皮をむくときはピーラーが便利。にんじんなどを縦に薄切りにするのもピーラーで。

■ **にんじんなどのせん切りはスライサーが便利**

かたい野菜をたっぷりせん切りするときは、包丁で切るのは大変。そんなときはスライサーを使うのが便利。普通のせん切りよりも味がなじむので、サラダやマリネに。

22

とっておきの下ごしらえのコツ　野菜編

氷水にさらす
シャキシャキの食感を残し、みずみずしさを保つ

■ サラダ用の葉もの野菜は氷水にさらして、シャキッとさせる

サラダ用の葉もの野菜は、氷水にさらすとシャキッとしてみずみずしくなります。盛りつける直前に引き上げることがポイント。

■ サラダ用の野菜もしっかり水けをきる

氷水から引き上げた野菜はサラダスピナーで水けをしっかりきること。不十分だと、水っぽい仕上がりになるだけでなく、ドレッシングの味もからみません。

水にさらす
変色を防いだり、でんぷん質を落とす

■ いも類は水にさらしてでんぷん質を落とす

いもはでんぷん質が多く、そのまま煮るとでんぷん質が溶け出して煮崩れするので必ず水にさらすこと。揚げるときも水にさらすとカラッと揚がります。また、変色を防ぐ効果も。

水けをきる
料理の仕上がりを左右する大切な下ごしらえ

■ 炒めものの野菜の水けはサラダスピナーでしっかりきる

炒めものをおいしく仕上げる最大のコツは、野菜の水けを十分にきること。特にもやしは水きりしにくいので、サラダスピナーでしっかりと水けをきって。

23

塩でもむ

水分が抜けて、調味液が入り込む

■ 野菜を脱水させて調味液を吸収させる

きゅうりや大根は塩もみをして水けが出たら水洗いをして、しっかり水けを絞ります。塩でもんで中の水分を外に出す（脱水させる）ことで、あとで加える調味液が入りやすくなります。

■ 餃子の野菜は塩もみ後、軽く絞って

餃子の肉だねに加える白菜は、塩もみをしますが、しんなりしたら、水洗いせず、軽く汁を絞ります。少し水分を残した状態でひき肉に混ぜ、餃子の皮で包んで焼くことで、ジューシーな焼き上がりに。

下ゆで

かたい野菜をやわらかくし、アクやえぐみを取る

■ じゃがいもは水からゆでる

じゃがいもは、かぶるぐらいの水を注いで、火にかけて水からゆでます。

やわらかくゆで上がったら、ザルにあげて水けをきります。

鍋に戻して火にかけ、水分を飛ばし、粉がふいた状態にします。つぶしてもホクホクとした食感に。

■ 大根はとぎ汁でゆでなくてOK

大根は調味料を加えて煮る前に下ゆでするのが基本。今までは、ゆで汁は米のとぎ汁が基本でしたが、米を加えて煮るだけでもOK。煮立ってきたら、蓋をして弱火で煮ます。

大根がやわらかくなってきたら、火を止め、そのまま冷まします。

肉・魚介編

おろす
身と骨を切り分けて食べやすくする

■ 魚をおろすのはスピード勝負！

魚は鮮度が一番。魚をおろすときは、新聞紙を敷いた上にのせ、おろし方のシミュレーションをした上で、素早くおろしましょう。時間をかけて、手でベタベタさわると鮮度が落ちてしまいます。内臓を取り除いたら、そのまま新聞紙に包んでゴミ箱に入れれば、キッチンも汚れません。

筋切りする
肉が縮まず、反り返らずやわらかく仕上がる

■ ステーキ肉だけでなく、しょうが焼き用の肉も筋切りをする！

ステーキ肉などにある赤身と脂身の境目にある筋を、切っ先で数カ所切ります。しょうが焼き用の肉も筋切りしておくと、反り返らず、やわらかく仕上がります。

下味をつける
材料にあらかじめ調味料やスパイスで味をつける

粉をまぶす
調味料をからみやすくしたり、旨味を閉じ込める

■ 炒めものをするときは片栗粉をまぶしておく

肉やえびなどは、片栗粉をまぶしてから、よく熱した油で炒めます。片栗粉をまぶすのは、あとで加える調味料をからみやすくし、水っぽくなるのを防ぐため。

■ シュウマイの肉だねに加える玉ねぎには粉をまぶす

シュウマイなどのひき肉料理に加える玉ねぎには、片栗粉をまぶしてから、ひき肉に混ぜます。こうすることで、片栗粉の保水効果で水分を閉じ込め、ひき肉になじませる効果があります。

■ 手でよくもみ込んで30分ほどおく

から揚げなどに使う肉に下味をつけるときは、手で調味料をしっかりもみ込むこと。そのまま30分ほどおき、肉を室温に戻しておくことがポイント。

■ 必ず汁けをよくふく

衣をつけて揚げたり、焼いたりするときは、下味につけた肉の汁けをしっかりふき取ること。そうすることで、衣はサクサク、表面はカリッとジューシーな仕上がりに。

本調理（火を通す）

火加減と水加減をしっかりマスター！

下ごしらえがひと通り終わったら、本調理の基本をおさえましょう。まずは、おいしさを左右する、火加減と水加減をマスターしてみて！

火加減

基本は中火。
煮ものは煮立ったら弱火

火加減は「強火」「中火」「弱火」の3つですが、本書のレシピは、基本は中火で作れるものがほとんどです。煮ものや煮込み料理は、中火で加熱し、沸騰したら弱火が基本です。また、揚げ油は適正な温度になったら火を弱めること。中火でも「強めの中火」「弱めの中火」というものもあるのでチェックしてみましょう。

火加減の目安

強火
鍋からはみ出さない程度の火加減にした状態。

中火
強火と弱火の真ん中の火加減。炎の先端が鍋底に少しつくぐらい。

弱火
炎が小さく見える程度に調節し、鍋底に直接火がついていない状態。

eiko's advice

火加減は難しくありません。基本は中火と覚えて

火加減を考えるだけで、おっかなびっくりになっている人は、怖がる必要はありません。鍋底に炎の先が少しつくぐらいの中火を基本にすれば、いい具合に火が通ります。本書には火加減がマークでついているので、その通りに作るとおいしく仕上がります。

26

本調理（火を通す）

水分量が少なくてもほっこり仕上がる!!

水加減・水分量

水加減は、間違えてしまうと、水っぽく仕上がったり、火が入らずに芯が残ったりすることがあります。また、食材によって水分量が違うため、だし汁、調味料の分量を調整する必要があります。かぼちゃや鶏肉など水分の多い食材を使う料理や、肉じゃがを作るときも加える水分量を少なくするとほっこり煮上がります。

水加減の目安

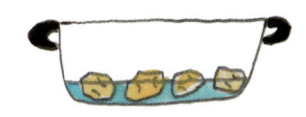

ひたひたの水
材料が水面から見え隠れするぐらいの量。煮ものはこれぐらいが基本。

かぶるぐらいの水
材料が水面から出ないぐらい、完全に水がかぶった状態。じゃがいもや根菜などをゆでるときに。

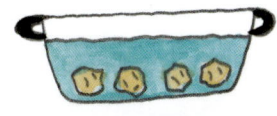

たっぷりの水
材料が完全に沈み、鍋に火をかけて沸騰してもふきこぼれない水分量。青菜やパスタをゆでるときに。

煮もの

カレーはヨーグルトとトマトの水分で煮る

- **水加減**：水は加えない。ヨーグルトとトマトの水分のみ。
- **火加減**：中火→沸騰したら弱火

かぼちゃの煮ものも水分少なめ

- **水加減**：かぼちゃは水分を多く含むため、煮汁は少なめ。
- **火加減**：中火→沸騰したら弱火

煮魚も水分量は少なく。直径の小さいフライパンで煮汁をかけながら煮る

- **水加減**：フライパンで煮る場合はひたひたより少なめで。
- **火加減**：中火→沸騰したら弱火

火加減のコツ

トング
肉などを焼くときに便利なのがトング。パスタを取り出すときも。

焼く

火加減　基本は中火→弱火
中火で肉や魚の片面がこんがり焼いたら、ひっくり返して反対側も焼き、蓋をして弱火に。

蓋をしたら弱火

こんがり焼き色がつくまでは中火、蓋をして中まで火を通すときは弱火

フライパンで身の厚い肉、魚などを焼くときは、中火で表面をこんがりと焼いてから、蓋をして弱火で中まで火を通すのがコツ。しょうが焼きなどは、肉を焼くときは中火に、合わせ調味料を加えるときは弱火に。

へら・フライ返し
形を崩さないようにへらやフライ返しを使って肉や魚を裏返して。

🔥 中火
表面に焼き色をつけるときは中火。

🔥 弱火
蓋をして火を通すときは弱火。

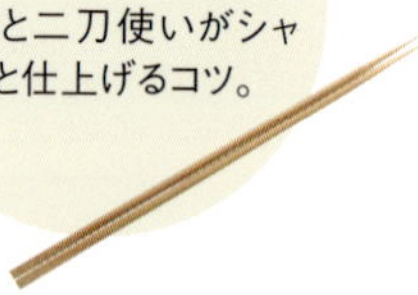

炒める

火加減　基本は中火→強火
中火で油が全体に回ったら、強火でしっかり水分を飛ばすのがコツ。水分の多い野菜は、最初から強火で。

ジュー

菜箸
炒めるときの必需品。へらと二刀使いがシャキッと仕上げるコツ。

食材に油がまわるまでは中火、水分を飛ばす仕上げは強火

炒めものの火加減のコツは、水分の多い食材は強火で一気に火を通し、肉や水分の少ない食材は中火で炒めて油をまわします。調味料を加えたあと、水分を飛ばすためには強火にして一気に仕上げます。

🔥 中火
具材を炒めるときは中火。

🔥 強火
調味をして仕上げるときは強火。

フライパンで作る 調理法別火加減のコツ

＼フライパンで作る／ 調理法別

蒸籠をセットしてからは ずっと強火のまま

シュウマイや魚の蒸しものなど、蒸籠や蒸し器で蒸す場合は、鍋に湯を沸かして蒸気を上げてから蒸籠をセットします。そこから時間までずっと強火。鍋の湯も少し多めに沸かしておくといいでしょう。

中火 → 弱火
茶碗蒸しを地獄蒸しで作るときは中火→弱火。

強火
蒸籠をセットしたら、強火で15分。

キッチンタイマー
料理には欠かせないキッチンタイマー。食材をゆでるときや蒸すとき、煮込む時間をはかるときに。

揚げる料理によって 火加減を変えて温度を調節

食材をたくさん入れると油の温度は下がります。例えば、から揚げなど最初に低温でじっくり揚げるものは、中温まで温度を上げてから、火を弱めて低温を保ちます。仕上げは強火にして高温にするなどの調節をします。

弱めの中火
中に火を通すために弱めの中火でじっくり。

強火
カラッと揚げるために最後は強火で。

蒸す

火加減　基本は強火
蒸籠を使った蒸し料理の場合は、最初から強火で湯を沸かしてからセット。

火加減　基本は中火→弱火
地獄蒸しで茶碗蒸しを作るときは、最初の1～2分だけ中火で加熱して、そのあとは弱火で。

揚げる

火加減　基本は中火→強火
最初は中火で揚げ油の温度を上げ、途中までは弱めの中火、仕上げは強火で温度を上げて。

揚げ油の温度の目安

低温 150～160℃
菜箸を入れて細かい泡が静かに上がってくる状態

中温 170～180℃
菜箸を入れて、やや大きめの泡が上がってくる状態。

高温 180～190℃
菜箸を入れて多量の泡が勢いよく上がってくる状態。

本調理（調味する）

ミニスプーン **1㎖**

小さじ1 **5㎖**

大さじ1 **15㎖**

はかることが おいしさの近道

火加減、水加減がわかったら、最後は調味するコツをおさえましょう。調味料はレシピ通りにはかることが一番。正しい計量方法をおぼえて、おいしく調味しましょう。

計量スプーンでのはかり方

すりきる
盛り上がるほどすくい取ったら、計量スプーンなどの柄などでスーッと引いて表面を平らに。

½にする
計量スプーンなどの柄の部分で大さじ1の平らな部分を2等分してその半量を取り除きます。

¼にする
2等分したあとに、さらに計量スプーンなどの柄の部分を使って2等分にして半量を取り除きます。

重量は デジタルスケールで
肉や魚、野菜などの重量は、デジタルスケールで。粉や砂糖などの製菓材料をはかるときにも必要。容器に入れてはかるときは、容器をのせた時点で0gに設定して。

正しい計量で味を決める

本書では32〜33ページで紹介する塩分濃度を元に、一番おいしい調味料の分量を出しています。だからこそ、正確な計量がとても大切。面倒くさがらず、計量スプーン、計量カップを使って計量しましょう。また、調味料だけではかるクセをつけることも。重量はデジタルスケールを使って正確に。また、玉ねぎ1個、トマト1個、豚薄切り肉1枚などの重量の目安（P.31）を覚えておくと、買いものするときや調理するときに役立つのでおすすめです。

いろいろはかり方があるのねー

本調理（調味する）

塩分は1g	塩分は2g	塩分は1.5g	塩分は3g	塩分は1g
固形	固形	液体	液体	粉末
みそ大さじ½	みそ大さじ1	しょうゆ大さじ½	しょうゆ大さじ1	塩ミニスプーン1
みそ大さじ1を計量スプーンなどの柄で2等分にして半量を取り除きます。	みそは山盛りにすくって、計量スプーンなどの柄で平らにすりきります。	しょうゆなどの液体量は深さ⅔ぐらいがスプーン半量の目安。	表面張力でやや盛り上がって見えるぐらいが目安。	ミニスプーンは小さじ⅙ぐらい。すりきりではかって。

●食材の重量の目安●

トマト	1個	200g
ほうれん草	1束	200g
にんじん	中1本	150g
キャベツ	1枚	40g
大根	1本	1000g
なす	1本	80g
白菜	大¼株	700g
もやし	1袋	230g
じゃがいも	1個	150g
鶏もも肉	1枚	280g
豚薄切り肉	1枚	20g
いわし	1尾	110g
生さけ	切り身1枚	100g
豆腐	1丁	300g
卵	M1個	60g

計量カップ

計量カップは水やだし汁、調味料などをはかります。粉類をはかることも。

米は1カップ（1合）180mℓ

水分量をはかる計量カップは1カップ200mℓですが、米のカップは180mℓ。

平らなところで真横から見る

平らな場所に置いて真横から目盛りを見ます。液体は分量の目盛りにぴったり、粉類は目盛りまでふんわりと入れた状態です。

手ばかり

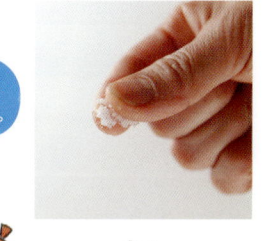

液体や粉、米によって違うのねー。

少々

親指と人差し指で塩をつまんだ量。0.3gぐらいが目安です。

材料の容量をはかる手間を省かないことがおいしさの基本

料理をおいしく仕上げたいなら、まずはレシピに載っている材料と調味料を正確にはかりましょう。なぜなら、調味料の分量は、材料の総重量から一番ベストな分量を出しているためです。計量することが一番のおいしさの近道です。

おいしさの基準は塩分にあり!!

おいしい味は「塩分」が決めるといっても過言ではありません。料理別に塩加減を覚えておくと、いつでもおいしい味つけをすることができます。

塩味は和・洋・中料理の共通の基準

塩味、甘味、酸味、苦味、辛味の中で「塩味」は味の基本となり、和、洋、中国風料理にも共通のおいしさの基準になります。私たちは、材料の総量(g)に対して、0.6〜1.2%ぐらいのときにおいしいと感じます。これを応用して、料理別の適正な塩分濃度を知り、おいしい味つけをマスターして。また、塩をしょうゆ、みそに置き換えることで、味のバリエーションを広げましょう。

料理別！おいしい塩分濃度

料理によっておいしいと感じる塩分濃度は異なります。和食、洋食、中国風の料理のおいしい塩分濃度を覚えましょう。

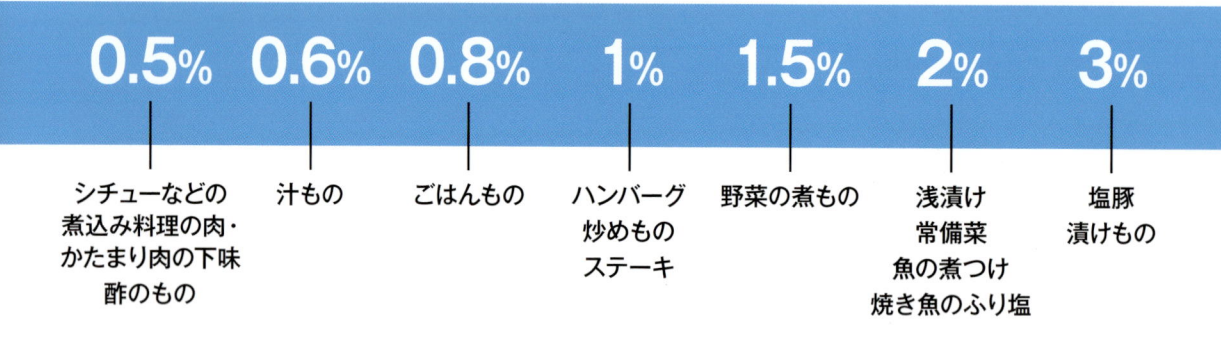

濃度	料理
0.5%	シチューなどの煮込み料理の肉・かたまり肉の下味 酢のもの
0.6%	汁もの
0.8%	ごはんもの
1%	ハンバーグ 炒めもの ステーキ
1.5%	野菜の煮もの
2%	浅漬け 常備菜 魚の煮つけ 焼き魚のふり塩
3%	塩豚 漬けもの

塩の重さを求めましょう

おいしい塩分濃度がわかったら、早速、塩の重さを求めましょう。作りたい材料の重量の合計から計算します。

$$塩の重さ(g) = \frac{材料の重さ(g) \times 塩分(\%)}{100}$$

ゆでる・砂出しの際の塩分の目安

ちょっと覚えておくと便利な塩分の目安をチェック！

青菜をゆでる　0.5%
水1ℓに対して塩5g(小さじ1)

パスタをゆでる　0.8%
水2ℓに対して塩16g(大さじ1弱)

貝類の砂出し　3%
1カップ(200㎖)に対して塩6g(小さじ1強)
2カップ(400㎖)に対して塩12g(小さじ2強)

本調理（調味する）

塩分を塩・しょうゆ・みそに置き換えて味のバリエーションを広げましょう

塩の重量がわかったら、塩分はそのままにしょうゆ味とみそ味に置き換えてみましょう。

実物大

どれも塩分は1gです

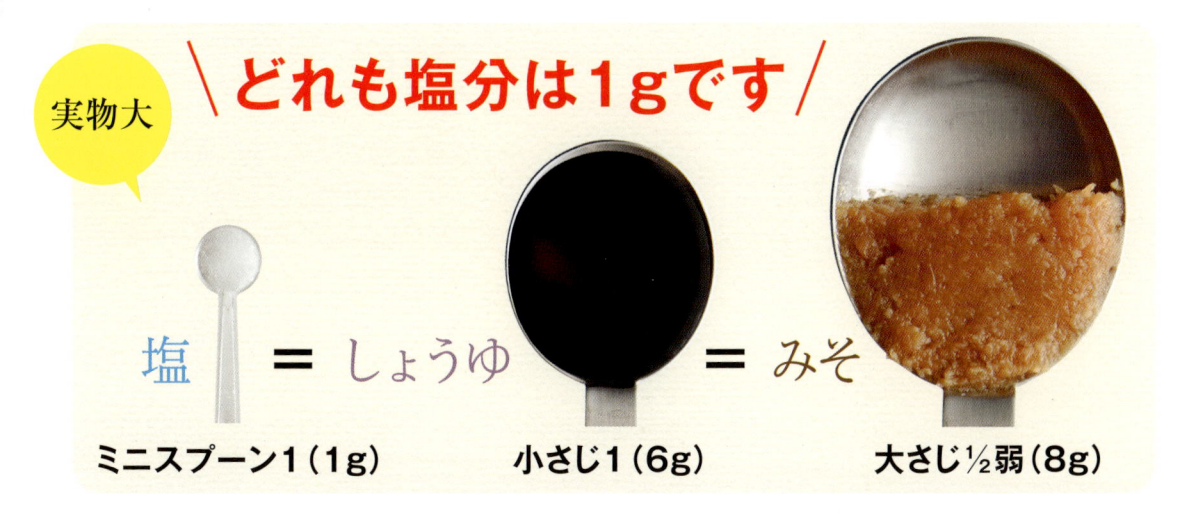

塩 ＝ しょうゆ ＝ みそ

ミニスプーン1（1g）　　小さじ1（6g）　　大さじ½弱（8g）

● チキンソテーで味のバリエーション ●

$$\frac{鶏肉300g \times 0.7〜0.8\%}{100} = \underset{(小さじ½弱)}{\underset{2.1〜2.4g}{塩}} \begin{array}{l} \text{しょうゆ大さじ1弱} \\ \text{みそ大さじ1½弱} \end{array}$$

ソテーのように焼いたあとに調味をするときは、焼いたあとの重量を考えて塩分濃度を調整します。鶏肉300gは焼くと水分が抜けて225〜250gぐらいになるので、塩分濃度も低めに設定して計算します。

塩味	しょうゆ味	みそ味
鶏もも肉300gに対して	鶏もも肉300gに対して	鶏もも肉300gに対して
塩 小さじ½弱 ＋ こしょう 少々	しょうゆ 大さじ1弱 ＋ みりん 大さじ1	みそ 大さじ1½弱 ＋ みりん 大さじ1 ＋ 砂糖 小さじ1

盛りつける

つけ合わせも彩りよく

料理が完成したら、器に盛りつけてみましょう。料理を美しく、おいしそうに見せるポイントをおさえて。つけ合わせの彩りや、盛りつけるときの高さなどに注目です。

料理をさらにおいしそうに見せるのは盛りつけ次第！

料理をきれいに盛りつけるためには、赤、黄、緑、黒、白の5色のバランスを保つことが重要です。特に赤・黄は食欲を増進させる色、緑は補色の役割をするので、グンと料理の色が鮮やかになります。つけ合わせを添えるときも意識してみましょう。また、高さを意識することもポイント。つけ合わせのキャベツや、煮ものは山型になるようにこんもりと盛りつけてみましょう。あとは、器に対する料理の量を考えること。余白を残しながらバランスよく盛りつけましょう。

料理をおいしそうに見せる盛りつけテクニック

フライには生野菜をこんもりと盛る

フライやとんかつ、コロッケなどの揚げものには、さっぱりとキャベツやレタスなどの生野菜を添えましょう。ポイントはキャベツのせん切りを奥にこんもりと山型に盛り、フライやとんかつは立てかけるように盛りつけて立体感を出すことです。

つけ合わせにボリューム感を出す

焼き魚のつけ合わせは手前に盛るのが基本。いつもは大根おろしだけの焼き魚も、つけ合わせにボリューム感を出すだけで、素敵な一皿に。焼き魚を一番奥に置き、まわりを囲むように、奥から焼き野菜（ここでは長いも、しし唐辛子）、大根おろし、かぼすなどを盛りつけます。

ステーキのつけ合わせは彩りよく

ステーキに添えるのは、じゃがいもやさやいんげんなどの温野菜がよく合います。じゃがいもの白とさやいんげんの緑でおいしそうな色を引き立てます。洋食のつけ合わせは奥に盛りつけるのが基本。ソースは手前に流すようにかけるのがコツ。

煮ものは真ん中を山型に盛りつける

煮ものは、具を一つひとつ順に盛りつけ、山型になるように真ん中を高めに盛りつけると美しくおいしそうに感じます。色が寂しいときは、絹さやなどの緑を散らして差し色に。煮汁は最後の仕上げにかけるのがコツ。

Part 2

おいしいコツがひと目でわかる！
人気のおかず BEST10

ハンバーグ、マカロニグラタン、
から揚げ、ロールキャベツなどの
人気のおかずを本当においしく作りたい！
わかりやすいレシピとビジュアルCooking！で
おいしい料理のコツをしっかりマスターして。

1人分 337kcal

野菜炒め

火の通りが均一になるように炒める順番を覚えて

野菜の水けはサラダスピナーでしっかりきる。

人気のおかず 1

人気のおかず 野菜炒め

作り方

(15分)

材料（2人分）

豚バラ薄切り肉……100g
キャベツ……150g
玉ねぎ……小½個
ピーマン……1個
にんじん……4cm
しめじ……½パック
もやし……½袋（約125g）
酒……大さじ1
塩……小さじ⅓
こしょう……少々
サラダ油……大さじ1½

下ごしらえ

1. ❶キャベツは3cm四方に切る。
   ❷玉ねぎは根元を切り取り、縦6mm幅に切る。
   ❸ピーマンは縦半分に切り、ヘタと種を取り、1cm幅の斜め切りにする。
   ❹にんじんは皮をむいて短冊切りにする。
   ❺しめじは石づきを切り落として2〜3本ずつに分ける。
2. 豚肉は3cm幅に切る。
3. A もやしは洗ってサラダスピナーで水けをきる。

おいしいコツ！

A 炒めものの最大のポイントは、水けをしっかりきること。もやしはサラダスピナーでよく水けをきってから加熱します。

本調理

4. フライパンにサラダ油大さじ1を**中火**で熱し、キャベツ、もやしを入れて**強火**でさっと炒め、全体に油がまわったら軽く塩、こしょう（分量外）をふって取り出す。
5. 同じフライパンにサラダ油大さじ½を熱し、**中火**で豚肉をほぐすようにして炒める。
6. 肉の色が変わったら、玉ねぎ、にんじん、ピーマン、しめじを入れて少ししんなりするまで炒める。
7. 4のキャベツ、もやしを戻し入れて**強火**にする。
8. B 木べらと菜箸を使って大きく混ぜ合わせ、水分を飛ばすように炒める。
9. 酒をふり、塩、こしょうで調味し、炒め合わせて器に盛る。

おいしいコツ！

B 水分をしっかり飛ばすために、菜箸と木べらを両手で持って空気を入れるように強火で炒め合わせてから調味するのがコツ。

ビジュアルCooking！ 超リアル！写真でわかる！

シャキッと炒めのコツ。

野菜炒めの調理の手順をしっかり覚えましょう。まずは、材料を切るところから。材料を切り揃えたら、水分の多いもの、少ないもの、火が通りやすいもの、通りにくいものを把握して炒める順番を決めましょう。

下ごしらえ

1 野菜を切る

❶ ❷ ❸ ❹ ❺

2 肉を切る

3 サラダスピナーでもやしの水けをきる

Point！ 水分の多い野菜は最初に炒めて取り出す

もやしやキャベツは水分が多く、火が通りやすい野菜なので、一番最初に強火でさっと火を通して取り出します。最後に戻し入れることで、ベチャッとせず、シャキシャキの仕上がりに。

人気のおかず　野菜炒め　ビジュアルCooking!

本調理

4 キャベツともやしを炒め、取り出しておく
塩少々
こしょう少々
強火

5 肉を炒める
豚肉を脂が出るようにカリッと炒めたら、野菜を加えます。
中火

6 野菜を加えて炒める

7 キャベツともやしを戻す
強火

木べらと菜箸で持ち上げるようにチャチャッと素早く炒め合わせます。

8 水分を飛ばすように炒める

9 調味する
酒 大さじ1
塩 小さじ1/3
こしょう少々

人気のおかず 2

1人分 435kcal

ハンバーグ
+つけ合わせ

全体がねっとりするまでよく混ぜること

ひき肉だねは
焼く直前まで
冷たい状態が理想。

作り方 ⏱40分

下ごしらえ

1. ❶玉ねぎはみじん切りにする。❷ A にんじんはピーラーで皮をむき、そのままピーラーで薄い帯状にスライスする。❸クレソンは根元を切り揃えておく。

2. 耐熱の器に玉ねぎを入れてバターをのせ、ラップをふんわりとかけ、電子レンジで1分ほど加熱して冷ます。生パン粉は牛乳に浸しておく。

> **おいしいコツ！**
> A にんじんのグラッセは、シャトー切りにするのも、煮るのも時間がかかります。ピーラーで薄切りにすれば、手軽な上、すぐに火が通ります。

本調理

3. B ボウルにひき肉、2の玉ねぎ、パン粉、溶き卵、Aを入れ、粘りが出るまで手でよく混ぜ、2等分にする。

4. 水でぬらした手に3をとり、余分な空気を抜くようにして小判形に形作る。

5. フライパンにサラダ油を熱して4を中火で2分ほど色よく焼く。裏返して1分ほど同様に焼く。

6. 蓋をして弱火で3〜4分蒸し焼きにする。

7. 表面がふっくら盛り上がってきたら、竹串を刺して焼き加減をチェックし、器に盛る。

8. ソースを作る。フライパンに残った肉汁に赤ワインをふり、火を止める。水、トマトケチャップ、ウスターソースを加えて混ぜ、弱火にかけてとろみがつくまで煮詰める。塩、こしょうで調味し、最後にバターを加えて溶かし混ぜる。

9. つけ合わせを作る。別のフライパンにバターを入れ、中火で熱して溶かし、にんじんをしんなりするまで炒める。砂糖、塩を加えてからめ、火を止める。7の器に、にんじんのグラッセ、クレソンを添え、ソースをかける。

材料（2人分）

合びき肉……200g
玉ねぎ……小½個
バター……小さじ1
生パン粉……⅓カップ（約10g）
牛乳……大さじ2
溶き卵……½個分

下味
A ┌ 塩……小さじ⅓
  └ こしょう・ナツメグ……各少々

サラダ油……小さじ½

ソース
赤ワイン……大さじ3
水……大さじ2
トマトケチャップ……大さじ2
ウスターソース……大さじ1
塩・こしょう……各少々
バター……大さじ1

つけ合わせ
〈にんじんのグラッセ〉
にんじん……小1本
砂糖……小さじ1
塩……少々
バター……大さじ½

クレソン……6本

> **おいしいコツ！**
> B ハンバーグのひき肉だねを混ぜるときは、ひき肉、卵は冷蔵庫から出してすぐ混ぜること。ぬるくなると肉の脂が溶け出します。

ビジュアルCooking！
超リアル！写真でわかる！

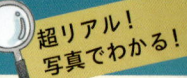

ふっくらジューシーに焼き上げるコツ。

ちょっとパサつきのあるハンバーグが、驚くほどしっとりジューシーに焼き上がるコツをおさえて。

下ごしらえ

1 野菜を切る

❶ ❷ ❸

2 玉ねぎを電子レンジで調理

Point！
電子レンジを利用すれば簡単！
玉ねぎは飴色になるまで炒めなくてもOK。電子レンジでしんなりする程度に加熱を。しっかり冷ますことを忘れずに。

加熱後の玉ねぎ

3 混ぜる

塩 小さじ1/3
こしょう 少々
ナツメグ 少々

Point！
粘りが出るまでよく混ぜる
ひき肉だねの材料はよく冷やしておくこと。その上で粘りが出るまでよく混ぜれば、ふっくらジューシーに仕上がります。

このぐらい白っぽくなったら、混ぜ終わり。少し冷蔵庫に入れて冷やしておいてもいいでしょう。

4 小判形に形作る

小判形にするときは、なるべく平らに形作るのがポイント。真ん中をへこませなくても、均等に火が入ります。

人気のおかず **ハンバーグ＋つけ合わせ** ビジュアル Cooking!

本調理

5 焼く
🔥 中火2分→裏返して1分

6 蒸し焼きにする
🔥 弱火3～4分

両面にこんがりと焼き色をつけたら、フライパンにぴったりの蓋をして蒸し焼きを。

7 焼き加減をみる

真ん中がふっくら盛り上がってきたら、竹串を刺して透明な肉汁が出てきたらできあがり。

8 ソースを作る

- 赤ワイン 大さじ3
- 水 大さじ2
- トマトケチャップ 大さじ2
- ウスターソース 大さじ1
- 塩・こしょう 各少々
- バター 大さじ1

🔥 弱火＊とろみがつくまで

9 つけ合わせを作る

- 砂糖 小さじ1
- 塩 少々

🔥 中火

トッピングアイデア

トマトチーズのせ　1人分 369kcal

＊作り方(2人分)＊焼き上がったハンバーグにトマト½個（種を取り、1cm角に切る）、ピザ用チーズ30g、パセリみじん切り少々をのせ、蓋をしてチーズがとろりとするまでフライパンで蒸し焼きにする。

アボカドソース　1人分 481kcal

＊作り方(2人分)＊アボカド½個は種を取り、皮をむいてボウルに入れる。レモン汁大さじ1をふり、フォークでつぶし、塩小さじ¼、オリーブ油大さじ2、こしょう少々を加えて混ぜ、ソースを作る。焼き上がったハンバーグにかける。

1人分 290kcal

人気のおかず 3

餃子

塩もみ白菜の水分で
ジューシーな仕上がりに

フライパンに
ぴったりサイズの蓋で
蒸し焼きを。

人気のおかず — 餃子

作り方　（50分）

下ごしらえ

1. ❶白菜はみじん切りにする。
   ❷にらは端から細かく切る。
   ❸長ねぎはみじん切りにする。
   ❹しょうがは皮をむいてすりおろす（小さじ1）。

2. ボウルに白菜を入れて塩小さじ⅔（分量外）をふり、混ぜて **20～30分** おいて水けを軽く絞る。

3. 別のボウルにひき肉、長ねぎ、しょうが、Aを入れてよく混ぜる。[A] 1のにら、2の白菜を加えてさらによく混ぜる。

4. 餃子の皮を手に広げ、中心に肉だねを大さじ1くらいのせ、餃子の皮の端にはけ（なければ指でも）で水をぬる。

5. ❶親指と人差し指ではさむようにして、手前よりも向こう側の皮が上になるように持つ。
   ❷左手の人差し指でひだを寄せて、右手の人差し指ではさむ。
   ❸❷をくり返しながらひだを作り、肉だねがはみ出しそうになったら、人差し指で押し込みながら包む。
   ❹手前を押すようにして形をととのえる。

6. 乾いた布巾を敷いたバットに餃子を並べ、乾燥を防ぐために上からも布巾をかける。残りも同様に包む。

おいしいコツ！
[A] 塩もみした白菜は水けを絞って加えますが、絞りすぎに注意。軽く絞ってある程度水分を残しておくとジューシーに。

本調理

7. フライパンにサラダ油を **中火** で熱し、餃子を12個並べる。フライパンの火があたる位置を変えながら、まんべんなく底全体に焼き色をつける。

8. [B] 餃子のまわりに水½～⅔カップ（分量外）を注ぎ、蓋をして **弱めの中火で5分** ほど蒸し焼きにする。

9. 蓋を取り、**中火** で水けを飛ばして底がカリッとするまで焼く。器に盛り、しょうゆ、酢、ラー油でいただく。

おいしいコツ！
[B] 底面にこんがり焼き色がついたら、水を餃子に直接かからないように注ぎ入れ、フライパンにぴったりの蓋をして蒸し焼きに。

材料（4人分）

- 餃子の皮……大24枚
- 豚ひき肉……200g
- 白菜……300g
- にら……50g
- 長ねぎ……15cm（約75g）
- しょうが……¼かけ（約4g）

下味
A
- しょうゆ……小さじ1
- 片栗粉……大さじ1
- 酒……大さじ1
- ごま油……大さじ½
- こしょう……少々

- サラダ油……大さじ1
- しょうゆ・酢・ラー油……各適宜

こうやって包む

ビジュアルCooking！
超リアル！写真でわかる！

皮はパリッ、中はジューシーな焼き方のコツ。

ジューシーな肉だねの作り方、上手な餃子の包み方から、焼き方まで完全マスター！

下ごしらえ

1 野菜の下ごしらえ

2

3

4

2 白菜に塩をふる

塩でもんで白菜がしんなりしたら、水けを軽く絞って。

塩 小さじ2/3

3 肉だねを作る

- しょうゆ 小さじ1
- 片栗粉 大さじ1
- 酒 大さじ1
- ごま油 大さじ1/2
- こしょう 少々

Point！ 粘りが出るまでよく混ぜる

餃子の肉だねの材料はなるべく冷たい状態で混ぜること。全体がなじんで白っぽくなるまでよく混ぜると肉汁たっぷりの餃子ができます。

4 肉だねを皮にのせる

皮のまわりにつける水ははけを使うと便利。

46

人気のおかず　餃子　ビジュアルCooking!

本調理

5
❶ 餃子の皮で包む 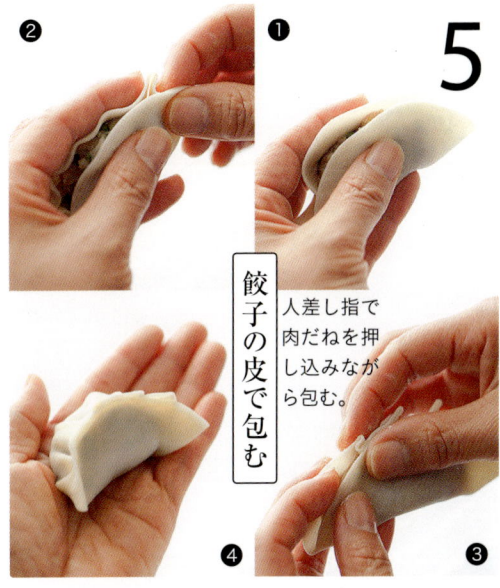
❷
❸ 人差し指で肉だねを押し込みながら包む。
❹

6 乾いた布巾をかける 
餃子は乾いた布巾の上に並べ、乾燥防止に上にも乾いた布巾をかけます。

7 焼き色をつける　🔥中火

8 水を注ぎ蒸し焼きにする　🔥弱めの中火5分

9 焼き上げる　🔥中火＊水けを飛ばす

具材バリエーション

鶏ひき肉とキャベツのみそ餃子
1人分 305kcal　30分

＊材料(4人分)＊ 餃子の皮大24枚 鶏ひき肉200g キャベツ150g 長ねぎ(みじん切り)大さじ3 しょうが(すりおろし)小さじ½ A(片栗粉大さじ1、みそ・酒各大さじ2、ごま油大さじ⅔、こしょう少々) サラダ油大さじ2

＊作り方＊ 1.キャベツは塩を入れたたっぷりの熱湯でゆでる。ザルに広げて冷まし、粗みじんに切り、水けを絞る。2.ボウルにひき肉、Aを入れて手でよく混ぜ、1、長ねぎ、しょうがを加えてさらによく混ぜる。3.餃子(作り方4～9)と同様に包んで焼く。

えびとれんこんの餃子
1人分 261kcal　30分

＊材料(4人分)＊ 餃子の皮大24枚 むきえび150g れんこん200g 長ねぎ(みじん切り)大さじ3 A(塩小さじ¼、しょうが(すりおろし)小さじ½、片栗粉大さじ1、酒大さじ2、ごま油大さじ½、こしょう少々) サラダ油大さじ2

＊作り方＊ 1.えびはあれば背わたを取り、水で洗って水けをふく。1cm幅に切り、包丁で軽くたたく。2.れんこんは皮をむいて½量はすりおろし、残りは5mm角に切る。3.ボウルに1、2のれんこんのすりおろし、長ねぎ、Aを加えて手でよく混ぜ、2のれんこんの角切りを加えてさらによく混ぜる。4.餃子(作り方4～9)と同様に包んで焼く。

1人分 844kcal

極上ホワイトソースの作り方をマスター

マカロニグラタン

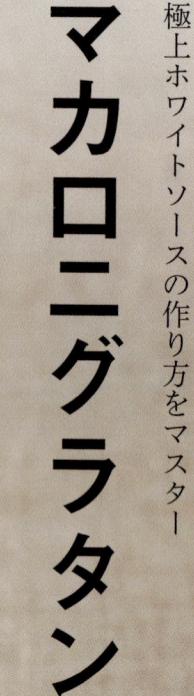

ホワイトソースは
冷たい牛乳で
なめらか仕上げ。

人気のおかず 4

マカロニグラタン

作り方 （30分）

下ごしらえ

1. ❶玉ねぎは根元を切り取り、縦5mm幅に切る。
   ❷生しいたけは軸を切り落とし、1cm幅に切る。
2. A えびはあれば背わたを取り、水で洗って水けをふく。
3. 鍋にたっぷりの熱湯を沸かし、塩大さじ1（分量外）を入れ、中火にしてマカロニを袋の表示通りにゆでる。ザルにあげてゆで汁をきる。

> **おいしいコツ！**
> A 最近出回っているむきえびは、背わたがないものがほとんど。生臭さやぬめりをとるために水洗いを。

本調理

4. ホワイトソースを作る。鍋にバターを入れ、弱めの中火にかけて焦がさないように溶かす。バターが完全に溶けて泡立ってきたら、小麦粉をふり入れ、木べらで焦がさないように弱火でじっくり炒める。B バターと小麦粉がよく混ざり、さらっとするまでよく炒め、粉っぽさがなくなるまで炒める。
5. 冷たい牛乳を一度に加え、泡立て器でダマにならないように手早く混ぜる。
6. 塩、こしょうを加えて調味し、木べらに替えてとろりとするまでツヤよく煮詰める。
7. フライパンにバターを入れ、中火にかけて溶かす。玉ねぎ、生しいたけを入れてしんなりするまで炒める。
8. えびを加えてさっと炒め、白ワインをふり、塩、こしょうを加え、蓋をして弱火で2分ほど蒸し煮にする。
9. 蓋を取り、弱火にしたまま、ゆでたマカロニを加えて混ぜ、火を止める。
10. ホワイトソース⅔量を加えて混ぜる。
11. 耐熱の器に入れる。
12. 残りのホワイトソースを全体にかけてチーズをのせ、オーブントースターに入れて6〜7分色よく焼く。

材料（2人分）

マカロニ……100g
玉ねぎ……½個
生しいたけ……4枚
むきえび……120g
ピザ用チーズ……50g
白ワイン……大さじ1
塩・こしょう……各少々
バター……大さじ2

ホワイトソース
バター……大さじ4
小麦粉……大さじ4
牛乳……2カップ
塩……小さじ⅓
こしょう……少々

ホワイトソース調理器具の使い分け

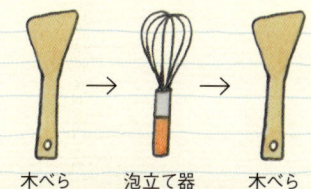

木べら → 泡立て器 → 木べら

ダマを消すために泡立て器に変えてよく混ぜる。ダマが消えたら木べらに。

> **おいしいコツ！**
> B 小麦粉はバターでサラサラになるまで炒めたら、細かい泡が立ってくるまで焦がさないように気をつけながら炒めるのがコツ。

ビジュアルCooking！
超リアル！写真でわかる！

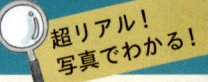

とろ〜りなめらか グラタンのコツ。

グラタンはホワイトソースが命。ダマにならず、なめらかに仕上げるコツをおさえましょう。

本調理

4 ホワイトソースを作る

バター 大さじ4
小麦粉 大さじ4

弱めの中火

Point！ 木べらでサラサラになるまで炒める

バターで小麦粉をサラサラになるまで炒めると、粉の粒子が油でコーティングされ、このあと注ぐ牛乳に素早く広がるのでダマになりにくい。

弱火

5 冷たい牛乳を注ぐ

牛乳 2カップ
塩 小さじ1/3
こしょう 少々

弱火

Point！ 冷たい牛乳を一気に加える

温かいルーは冷たい牛乳を一気に注いで、急激に冷ますことがコツ。泡立て器で手早く混ぜれば、ダマにならずなめらかな仕上がりに。

下ごしらえ

1 野菜を切る ❶ ❷

2 えびの下ごしらえ

3 マカロニをゆでる

塩 大さじ1

中火

50

人気のおかず / マカロニグラタン / ビジュアルCooking!

6 塩、こしょうで調味

塩、こしょうで調味したら、木べらで混ぜながらとろりとするまで煮詰めます。

7 野菜を炒める

バター大さじ2 / 中火

8 えびを加えて蒸し煮

白ワイン大さじ1 / 塩少々 / こしょう少々 / 弱火2分＊蒸し煮

Point! えびに火を通しておく

水けをしっかりふいたむきえびを加えたら、さっと炒める程度にして白ワインを加えます。フライパンにぴったりの大きさの蓋をして蒸し焼きにするとプリプリの仕上がりに。

9 ゆでたマカロニを加える

弱火

10 ホワイトソースであえる

11 耐熱容器に入れる

12 トースターで焼く

オーブントースター＊6〜7分

1人分 350kcal

人気のおかず 5

ふっくら、やわらかくて
ジューシーに仕上げるコツ

シュウマイ

生の玉ねぎの
みじん切りを
たっぷり。

52

作り方 （25分）

下ごしらえ

1. ❶しょうがは皮つきのまますりおろして絞る。
   ❷玉ねぎはみじん切りにする。
2. 玉ねぎを布巾で包み、水を入れたボウルの中でもみ洗いするようにしてさらし、水けをよく絞る。
3. ボウルに2の玉ねぎを入れて片栗粉をふり、混ぜる。
4. A 3にひき肉、A、1のしょうが汁を加えて手でよく混ぜる。
5. ❶手にシュウマイの皮をのせ、肉だねを一口大ぐらいカトラリーのナイフなどにとり、皮にはりつけるようにのせる。
   ❷皮が上になるように一度ナイフに移す。
   ❸親指と人差し指で輪を作り、そこに❷を入れて握るようにして形を整えながら包む。乾いた布巾、またはペーパータオルの上に並べ、乾燥を防ぐために上からも布巾をかける。残りも同様に包む。

おいしいコツ！

A 玉ねぎのみじん切りに片栗粉をまぶすことで玉ねぎの水分を閉じ込めます。ひき肉と下味を加えたら粘りが出るまでよく混ぜましょう。

本調理

6. 蒸籠（または蒸し器）にシュウマイを間隔をあけて並べる。
7. B 蒸気の上がった鍋に6をのせ、蓋をして**強火で12〜15分**蒸す。器に盛り、練り辛子、酢、しょうゆでいただく。

おいしいコツ！

B 蒸すときは、必ず、蒸気の上がった鍋に蒸籠をのせ、強火で一気に蒸し上げます。時間はキッチンタイマーではかるのがおすすめ。

材料（2人分）

シュウマイの皮……大12枚
豚ひき肉……200g
玉ねぎ……小1個
片栗粉……大さじ1

下味
しょうが……小1/3かけ
A｜酒……大さじ1
 ｜塩……小さじ1/4
 ｜こしょう……少々

練り辛子……少々
酢・しょうゆ……適宜

※シュウマイの皮のサイズによってできあがる個数が異なります。

eiko's advice

生の玉ねぎを加えるとやわらかく仕上がります

玉ねぎにはプロテアーゼというたんぱく質分解酵素が含まれているので、ひき肉に生のまま加え混ぜると肉がやわらかくなります。また、玉ねぎの水分を閉じ込めて、ジューシーに仕上げるために、片栗粉をまぶすのもポイントです。

ビジュアルCooking！
超リアル！写真でわかる！

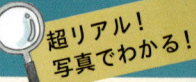

ふんわりジューシーに蒸すコツ。

ふんわりとやわらかいシュウマイにチャレンジ。
ポイントはたっぷり玉ねぎと、蒸すときの火力です。

下ごしらえ

1 野菜の下ごしらえ

❶ ❷

2 玉ねぎを洗う

Point!
辛味を抜くために布巾に包んで洗う

玉ねぎの独特な辛味やにおいを取り除くために、玉ねぎのみじん切りを水にさらします。布巾に包んで流水にあてて、よくもみ洗いすること。

3 玉ねぎに片栗粉をまぶす

Point!
片栗粉をまぶして水分を閉じ込めて

玉ねぎは水けが出やすいので、あらかじめ片栗粉を全体にふります。片栗粉は保水効果があるのでひき肉になじみ、ジューシーな仕上がりに。

4 肉だねを作る

酒 大さじ1
塩 小さじ1/4
こしょう 少々
しょうが汁 小さじ1/3かけ分

人気のおかず

シュウマイ

ビジュアルCooking!

本調理

6 蒸籠に並べる

7 蒸す ♨♨♨ 強火12～15分

5 皮で包む

❶ ❷ ❸

Point! ナイフなどを使って形を整える

皮の真ん中に肉だねをのせ、一度カトラリーのナイフに移す。親指と人差し指で輪を作り、そこに❷を入れて包み込むように握り、ナイフで形を整える。

Arrange recipe

1人分 273kcal
25分

しいたけシュウマイ

＊**材料(2人分)**＊シュウマイの皮12枚　生しいたけ6枚　片栗粉適量　鶏ひき肉200g　**A**(長ねぎ(みじん切り)大さじ4、しょうが(すりおろし)少々)
B(酒大さじ1、水大さじ3、塩小さじ¼、こしょう少々)　練り辛子少々

＊**作り方**＊ 1.生しいたけは軸を切り、軸は石づきを切ってみじん切りにする。　2.シュウマイの皮は2つに切り、3～4mm幅のせん切りにしてほぐす。　3.ボウルにひき肉、A、B、生しいたけの軸を入れてよく混ぜる。　4.生しいたけのかさの内側に片栗粉をふり、3の肉だねをのせて丸くドーム型にして表面にシュウマイの皮をのせる。　5.シュウマイ(作り方6～7)と同様に蒸し、練り辛子をのせる。

人気のおかず 6

1人分 461kcal

鶏のから揚げ

ボリューム満点の人気おかずを自慢の一品に

はじめは低温でじっくり、最後は高温でカリッと。

56

作り方　㊺分

下ごしらえ

1. さつまいもはよく洗い、皮つきのまま大きめの乱切りにする。水に**5分**ほどさらして水けをふく。

2. 鶏肉は1枚を6等分ぐらいに切る。

3. ボウルにAを合わせて鶏肉を入れる。手でもむようにして混ぜ、**30分**ほどおいて下味をつける。

4. **A** 鶏肉の汁けをペーパータオルでふく。

おいしいコツ！

A 鶏肉に下味をつけたら、衣をつける前に汁けはきちんとふきましょう。汁けをふかないと粉が均等につかないので注意します。

本調理

5. フライパンに揚げ油を深さの½ぐらいまで入れて**150〜160℃**に熱する。

6. さつまいもを**弱火**で**5〜6分**揚げる。竹串を刺してやわらかくなったのを確認したら**強火**にし、揚げ油を**180〜190℃**に上げてカリッとするまで**1分**ほど揚げて取り出し、揚げ網にのせて油をきる。

7. 火を弱めて揚げ油を**170〜180℃**に下げる。

8. 鶏肉に片栗粉をまぶし、余分な粉は落とす。**B** 全量を揚げ油に入れて**弱めの中火で5〜6分**揚げる。

9. **強火**にして揚げ油を**180〜190℃**に上げ、30秒ほどカリッと揚げて取り出し、揚げ網にのせて油をきる。器にから揚げ、さつまいもの素揚げを盛り合わせる。

※揚げ油の温度の目安はP.29参照。

材料（3〜4人分）

鶏もも肉……2枚（約600g）
さつまいも……1本

下味

A ┌ 塩……小さじ½
　├ しょうゆ……小さじ1
　├ しょうが汁……小さじ1
　├ レモン汁……大さじ½
　└ 酒……大さじ1

片栗粉……適量
揚げ油……適量

おいしいコツ！

B フライパンで少ない揚げ油で揚げるときは、全量を入れて中温からじっくり中まで火を通します。表面がかたまってきたら裏返して。

eiko's advice

鶏肉は室温に戻して揚げ時間を守る

本書では直径26cmのフライパンを使って揚げるので、一度に肉を入れても大丈夫。肉が冷たいと油の温度が下がるので、鶏肉は室温に戻しておくことがポイント。低温で中まで火を通したら、仕上げに高温にして揚げると表面がカリッとした食感になります。

ビジュアルCooking！

超リアル！写真でわかる！

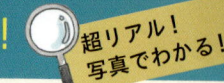

カリッ、ジュワッの揚げ方のコツ。

揚げものは難しそうに感じるけれど、揚げ油の温度の調節ができるようになれば、本当に簡単です。

下ごしらえ

1 さつまいもを切る

さつまいもはアクがあるので、切ったら水にさらして。

2 肉を切る

3 下味をつける

- 塩 小さじ½
- しょうゆ 小さじ1
- しょうが汁 小さじ1
- レモン汁 大さじ½
- 酒 大さじ1

Point！ 下味をしっかりつける

鶏肉に下味を加えたら、味がなじむように手でよくもみ込んで30分ほどおきましょう。ペーパータオルで汁けをよくふき取ることが、仕上がりをキレイにするコツ。

4 汁けをふく

58

人気のおかず / 鶏のから揚げ / ビジュアルCooking!

本調理

5 揚げ油を低温に熱する
菜箸から細かい泡が静かに上がってくるぐらいが低温(150～160℃)。
150～160℃

6 さつまいもを揚げる
🔥弱火5～6分

揚げ油の温度を上げる
180～190℃
🔥🔥🔥強火1分

7 揚げ油の温度を中温に下げる
菜箸からやや大きめの泡が上がってくるぐらいが中温(170～180℃)。
170～180℃

8 鶏肉を揚げる
🔥弱めの中火5～6分

揚げ油の温度を上げる
180～190℃
🔥🔥🔥強火

9 油をきる

Point! 中温でじっくり揚げて強火でカラッと
中温に熱した揚げ油に、全量の鶏肉を入れると低温に下がるので、そのまま時間通りじっくり揚げて。最後は強火で高温にして水分を一気に飛ばしてカリッと仕上げましょう。

人気のおかず 7

フライの盛り合わせ

外はサクサク、中はふっくらに揚げる

魚介フライは揚げすぎないことが最大のコツ。

1人分 729kcal

60

作り方 (30分)

下ごしらえ

1. レタスは芯を切り取り、4〜5cm四方に切る。冷水にさらしてパリッとしたら、サラダスピナーで水けをきる。

2. ❶えびは洗って水けをふき、尾と1節を残して殻をむき、尾の先を少し切り落とし、包丁の先で水けをしっかりしごき出す。
   ❷背中を丸めるように持ち、竹串で背わたを取る。
   ❸腹側に浅い切り目を4〜5カ所入れる。

3. 三枚におろしたあじは腹骨をそぎ取る（P.71参照）。

4. タルタルソースを作る。ゆで卵は殻をむいてみじん切りにし、玉ねぎは布巾で包み、水にさらして水けをよく絞る（P.54参照）。ボウルに入れ、Aを加えて混ぜる。

5. バットに2のえび、3のあじを並べ、塩、こしょうをふって下味をつける。

6. A 5のそれぞれに小麦粉、溶き卵、生パン粉の順に衣をつける。

おいしいコツ！
A しっかりと水けをふき取ったえびとあじは、それぞれ小麦粉、卵、パン粉の順に衣をつけ、手で軽くおさえてなじませましょう。

本調理

7. フライパンに揚げ油を深さの½ぐらいまで入れて**中火にかけ170〜180℃に**熱する。B えびを入れ、途中**裏返しながら3分**ほど揚げて取り出し、揚げ網にのせて油をきる。あじも同様に揚げる。器にレタス、えびフライ、あじフライを盛り、タルタルソースをかける。

※揚げ油の温度の目安（P.29参照）

おいしいコツ！
B えびとあじは別々に少量ずつ揚げ、それぞれ3分ぐらいで引き上げます。揚げる時間が長くなるとパサパサした仕上がりに。

材料（2人分）

あじ（三枚おろし）……4枚（2尾分）
えび……大4尾

下味
塩・こしょう……各少々

タルタルソース
ゆで卵（かたゆで・P.82参照）……2個
玉ねぎ（みじん切り）……大さじ2
A ┌ ピクルス（みじん切り）……大さじ1
  │ パセリ（みじん切り）……大さじ1
  │ マヨネーズ……50g
  └ 塩・こしょう……各少々

小麦粉・溶き卵・生パン粉……各適量
揚げ油……適量

つけ合わせ
レタス……小½個

eiko's advice

フライは下処理をきちんと。丸まっても気にしない

フライの作業のほとんどが下処理と言っていいほど大切です。えびの尾は水けを含んでいるので、しっかり水けをしごき出しましょう。えびは丸まりやすいので、仕上がりが多少丸まっても気にしないこと。また、魚介は低温でじっくり揚げるとかたくなってしまうので、中温で短時間で揚げることが大切です。

ビジュアルCooking！
超リアル！写真でわかる！

サックサク！
フライの揚げ方のコツ。

理想的なフライは、衣はサクサク、身はふっくらな状態。
材料の下処理と揚げ方をおさえましょう。

下ごしらえ

1 野菜を切る

2 えびの下ごしらえ

❸ 腹側に4〜5カ所ほど切り目を入れて伸ばします。

3 あじの下ごしらえ

あじは三枚におろしてあるものを買うとラク。

4 タルタルソースを作る

Point！ 材料はみじん切りにして混ぜる

みじん切りにした玉ねぎは、布巾に包んで水にさらして水けを絞っておきます。ゆで卵はエッグカッターで縦、横に切れば、まな板が汚れません。

5 下味をつける

塩 少々
こしょう 少々

Point！ 下味は衣をつける直前に

下味は衣をつける直前が基本。下味をつけると水分が出やすくなるので、衣をつける直前にしましょう。衣をつけたら早めに揚げて。

人気のおかず

フライの盛り合わせ

ビジュアル Cooking!

本調理

6 衣をつける

最初に粉がまんべんなくつくように手でまぶして。

よく溶きほぐした卵につけて。

あじは全体に溶き卵がつくように菜箸を使いましょう。

パン粉が全体につくように手で軽くおさえます。

7 揚げる

菜箸からやや大きめの泡が上がってくるぐらいが、中温(170〜180℃)。

170〜180℃
中火

170〜180℃
中火3分

Point! 少量ずつ入れて揚げる

中温に揚げ油を熱したら、少量ずつ時間差で入れて温度を下げないように揚げます。こんがりと色がついてきたら裏返して、それぞれ3分ぐらいで引き上げます。

63

1人分 376kcal

人気のおかず 8

ロールキャベツ

丸ごと1個を豪快にゆでて作る

何枚ものキャベツで肉だねを包む。

人気のおかず

ロールキャベツ

作り方

⏱ 90分

下ごしらえ

1. ❶キャベツは包丁の切っ先で芯をくりぬく。
   ❷玉ねぎはみじん切りにする。

2. キャベツが入る大きさの鍋に深さ⅔まで水を入れて沸騰させる。キャベツの芯の部分にフォークを刺して湯に入れ、菜箸で葉を5～6枚はがしてキャベツは取り出す。蓋をして**2分**ほどゆで、ザルに広げるようにして取り出す。残りも同様に、はがしながらゆで、ザルにとる。

3. 耐熱の器に1の玉ねぎを入れてバターをのせ、ラップをふんわりとかけて**電子レンジで1分**ほど加熱し、しんなりしたら冷ます。パン粉は牛乳に浸しておく。

4. キャベツの葉が冷めたら、芯の部分をすりこぎなどでたたく。水けをふき取り、大小の葉を組み合わせて8等分にする。

5. ボウルにひき肉、3の玉ねぎ、浸したパン粉、Aを入れて手でよく混ぜ合わせ、8等分にする。

6. [A] キャベツの葉を大、中、小の順に重ね、小さい葉で肉だねを包んでから大きい葉で包む。残りも同様に包む。

本調理

7. [B] 直径26cmの鍋にロールキャベツを巻き終わりを下にして並べる。

8. 白ワインをふり、水、ローリエ、コンソメスープの素、塩、こしょうを加えて蓋をして**強めの中火**にかける。煮立ってきたら、**弱火で40～50分**煮る。器にロールキャベツを盛り、スープを注いでサワークリームをかけ、粗びき黒こしょうをふる。

材料（4人分）

キャベツ……1個（約1～1.2kg）
豚ひき肉……400g
玉ねぎ……½個
バター……大さじ½
パン粉……½カップ
牛乳……大さじ3

下味
A ┌ 塩……小さじ½
  └ こしょう・ナツメグ……各少々

煮汁
├ 白ワイン……⅓カップ（約70mℓ）
├ 水……3カップ
├ ローリエ……1枚
├ コンソメスープの素（顆粒）
│   ……小さじ1
├ 塩……小さじ1½
└ こしょう……少々

サワークリーム……適宜
粗びき黒こしょう……少々

おいしいコツ！

[A] 肉だねを8等分したゆでキャベツ1枚ずつ巻き込んでいきます。葉を何重にも巻いているので、とろとろに煮込んでも形崩れすることはありません。

おいしいコツ！

[B] 巻き終わりを下にすることで煮崩れを防止。動かないように、鍋はぴったりサイズを選んで。

ビジュアルCooking！
超リアル！写真でわかる！

トロトロにやわらかく煮込むコツ。

トロトロに煮込んだロールキャベツに挑戦！
丸ごとキャベツのゆで方も覚えましょう。

下ごしらえ

1 野菜を切る

丸ごとキャベツが入る鍋に熱湯を用意するのがポイント。

2 キャベツをゆでる

3 電子レンジで加熱する

4 キャベツを8等分する

Point！
水けをしっかりふいて8等分に

粗熱が取れたら芯をすりこぎでたたいてつぶし、ペーパータオルではさみ上からおさえるようにして水けをしっかりふきます。葉の大きさが大、中、小の順に重なるように8等分するのがポイント。

66

人気のおかず ロールキャベツ

ビジュアル Cooking！

本調理

5 肉だねを作る

- 塩 小さじ½
- こしょう 少々
- ナツメグ 少々

Point！
粘りが出るまでよく混ぜる

電子レンジで加熱した玉ねぎは粗熱をしっかり取り、冷蔵庫から出したばかりのひき肉と一緒に粘りが出るまでよく混ぜること。

6 包む

7 鍋に並べる

8 煮込む

- 白ワイン ⅓カップ
- 水 3カップ
- ローリエ 1枚
- コンソメスープの素 小さじ1
- 塩 小さじ1½
- こしょう 少々

🔥 強めの中火

💧 弱火40〜50分

Point！ 弱火でコトコト煮ること

スープと調味料を加えて煮立てたら、蓋をしてそのまま弱火でコトコト煮るだけ。キャベツがクタッとして黄色っぽくなってきたら、仕上がりの目安です。

67

人気のおかず 9

いわしの梅煮

ホロホロやわらかい煮魚のコツを覚えましょう

青背魚は冷たい煮汁からコトコト煮ること。

1人分 313kcal

作り方

(45分)

材料（2〜3人分）

いわし……6尾
梅干し……3個
しょうが……大1かけ

煮汁
酒……½カップ
水……1カップ
みりん……大さじ3
しょうゆ……大さじ3

\ 実物大 /

しょうがの
大1かけって
このぐらい

下ごしらえ

1. ❶新聞紙を敷き、いわしを頭を左、腹を手前にして置く。包丁の先で尾の方から頭にむけてうごかしながらウロコを取る。胸ビレのすぐ下に斜めに包丁を入れ、頭を切り落とす。
❷頭の方を右、腹を手前にして置き、腹を斜めに切り落とす。
❸内臓を包丁の先でかき出す。

2. ボウルに水をためて、1のいわしの腹の中の血合い部分をきれいに洗う。ペーパータオルで水けをしっかりふき取り、半分に切る。

3. 梅干しは種と実に分ける。A しょうがは皮をむいて5mm厚さに切り、さらに5mm幅の棒状に切る。しょうがの皮はとっておく。

おいしいコツ！

A しょうがは5mm角の棒状に切ってたっぷり加えるので、しょうがも一緒に食べましょう。皮も加えて煮て香りをつけます。

本調理

4. フライパンにいわしを重ならないように並べ、3のしょうがと梅干しをまんべんなく散らす。

5. B 4に酒をふり、水、みりん、しょうゆを入れて**中火**にかける。煮立ってきたら、**落とし蓋をして弱火にし**、途中煮汁をかけながら**30分**ほど煮る。

おいしいコツ！

B 水を加える前に酒をふることで、いわしの臭みを取り除きます。水とみりん、しょうゆを加えてから、落とし蓋をして火にかけて。

eiko's advice

新鮮な青背魚は皮が薄いので冷たい煮汁からじっくり煮る

足の早い青背魚は、昔は沸騰した煮汁に入れて煮るのが常識でしたが、流通の発達で新鮮な青背魚を手に入れられるようになりました。新鮮なものは皮が薄いので、沸騰した煮汁に入れると皮がはじけてしまいます。冷たい煮汁からじっくり煮ましょう。

ビジュアルCooking！
超リアル！写真でわかる！

ホロッとやわらかい煮魚のコツ。

青背魚のおろし方から、煮汁でコトコト煮るコツまで、じっくりみながら挑戦してみましょう。

下ごしらえ

1　いわしの頭と腹を切る

胸ビレの下に包丁を入れ、頭を落とします。

腹ビレの上から斜めに包丁を入れて腹を切り落とします。

包丁の先で内臓をかき出します。

2

Point！　血合いと汚れをキレイに落とす

生臭さの原因は、血合いがよく取れていないため。ボウルに水をはり、流水で流しながら、指でこすってよく洗います。

腹の中を洗い、切る

3　梅干しとしょうがの下ごしらえ

Point！　梅干しはちぎって種を出す

丸ごとの梅干しを加えて煮るよりも、種を取り実をちぎって加えた方が、味がしっかり煮汁に出て、おいしく煮上がります。

70

図解でわかる！
魚の代表的なおろし方

代表的なおろし方を覚えておくと、魚料理も得意になります。基本の三枚おろしの工程を覚えましょう。

三枚おろし

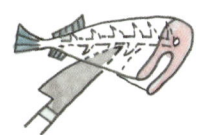

1. ウロコやゼイゴを取り、頭を落とし内臓をかき出してよく洗う。頭を右、腹を手前にして置き、包丁を頭の方から中骨にあたるところまで入れ、腹ビレのつけ根まで切り進める。

2. 向きを変え、背を手前にして置き、包丁を尾の方から中骨にあたるところまで入れ、頭の方まで切り進める。

3. 今度は尾に包丁を寝かせて入れ、頭の方へ中骨に沿って切り進める。

4. 上の身を切り離したら、刃の向きを逆にして（逆さ包丁）、尾のつけ根部分を切り離す（二枚おろし）。

5. 身を裏返し、背を手前、頭の方を右にして置き、頭の方から中骨にあたるところまで包丁を入れて尾まで切り進める。

6. 向きを変え、包丁を尾の方から入れて切り進め、中骨に沿って頭の方へ切り進め、身を骨から離したら、逆包丁で尾を切り離す（三枚おろし）。

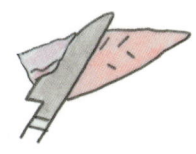

7. 左手でおさえながら、包丁を斜めに入れて腹骨をそぐ。

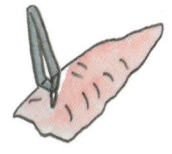

8. 小骨を骨抜きで丁寧に取り除く。

本調理

いわしの梅煮

4 フライパンに並べる
しょうがと梅干しは全体にまんべんなくのせます。

5 煮汁を加えて煮る

酒 ½カップ
水 1カップ
みりん 大さじ3
しょうゆ 大さじ3

皮が破れやすいので煮汁を加えてから火にかけます。

🔥中火

🔥弱火30分

スプーンで煮汁をかけながら火を通して。

1人分 661kcal

人気のおかず 10

ビーフシチュー

やわらかい牛肉とゴロゴロ野菜がおいしい

牛肉をトロトロに煮込んだあと、ソースを加える。

72

作り方

90分

下ごしらえ

1.
   ① 玉ねぎ、にんにくはみじん切り、トマトは横半分に切って種を取り、1cm角に切る（できれば湯むきする）。
   ② じゃがいもは皮をむいて4等分のくし形に切り、面取りして水に**10分**ほどさらし、水けをふく。
   ③ にんじんは4～5cm長さに切り、太い部分は縦4等分、細い部分は縦2～3等分に切り、面取りするように卵形またはアーモンド形のように形作る。
   ④ さやいんげんはヘタを切り、3cm長さに切り、塩少々（分量外）を入れた熱湯でゆでてザルにあげる。

2. 小玉ねぎは皮つきのまま熱湯に入れてひとゆでし、ザルにあげてゆで汁をきる。粗熱が取れたら、皮をむいて上下を切り落とし、根元の部分に十文字の切り込みを入れる。

3. マッシュルームは軸のついているものは石づきを切り、ぬるま湯で洗う。

4. 牛肉は4cm角ぐらいに切り、**A**をふり、手でもみ込んで**20分**ほどおく。

5. セロリの葉、タイム、パセリ、ローリエなどの香草を束ねてブーケガルニを作る。

本調理

6. 鍋にサラダ油大さじ1を**中火**で熱し、玉ねぎ、にんにくを入れて色づくまでよく炒める。

7. 並行してフライパンにサラダ油大さじ1を**中火**で熱し、牛肉に小麦粉をまぶして全体に焼き色をつける。

8. 7の牛肉を6の鍋に移す。**A** 赤ワインを加え、アルコール分を飛ばして水を加える。

9. 煮立ってきたらトマト、**B**を加える。

10. 蓋をして**弱火**にし、**B** 牛肉がやわらかくなるまで**1時間**ほど煮込む。竹串を刺してチェックする。

11. フライパンにバターを**中火**で溶かし、じゃがいも、にんじん、小玉ねぎ、マッシュルームを炒める。10の鍋に移し、蓋をして**10分**ほど煮る。

12. 11にCを加えて混ぜ、さらに**弱火で10～15分**煮る。ゆでたさやいんげんを加えて混ぜ、器に盛る。

材料（4人分）

牛すね肉（シチュー用）……500～600g

下味
A ┌ 塩……小さじ2/3
  └ こしょう……少々

小麦粉……大さじ3
玉ねぎ……1個
にんにく……1かけ
トマト……1個
じゃがいも……3個
にんじん……大1本
さやいんげん……80g
小玉ねぎ……8個
マッシュルーム……150g

煮汁
赤ワイン……2/3カップ（約150ml）
水……3カップ

B ┌ ブーケガルニ……1束
  │ （セロリの葉、タイム、パセリ、ローリエなど適量）
  │ 塩……小さじ1
  └ こしょう……少々

C ┌ デミグラスソース……1缶（290g）
  │ 塩……小さじ1/3
  └ こしょう……少々

バター……大さじ2
サラダ油……大さじ2

おいしいコツ！
A 赤ワインに含まれるタンニンは、肉をやわらかくします。アルコール分を飛ばしてから水を加えるのがコツ。

おいしいコツ！
B 牛肉に竹串がスッと通ったら、トロトロに煮上がった目安。具を加えて仕上げていきます。

人気のおかず／ビーフシチュー

ビジュアルCooking！

超リアル！写真でわかる！

ホロリとやわらかく煮込むコツ。

おいしく仕上げるポイントは、たくさんの工程を丁寧に行うこと。じっくり時間をかけて煮込みましょう。

下ごしらえ

1 野菜を切る

❶

❷

❸ 切り口の角を取って形を整えます。

❹

2 小玉ねぎの下ごしらえ

3 マッシュルームの下ごしらえ

4 肉の下ごしらえ

Point！ 牛肉は室温に戻しておく

牛肉は室温に戻しておくことがポイント。冷たいまま焼くと中まで火が通らず、肉質がかたい仕上がりに。下味をつけてから20分ほどおきます。

5 ブーケガルニを作る

香草をたこ糸で巻いて束ねて、たこ糸の一方を長くしておきます。

74

人気のおかず

ビーフシチュー

ビジュアルCooking!

本調理

6 玉ねぎ、にんにくを炒める
中火

7 牛肉を焼く
牛肉に小麦粉をまぶしてこんがり焼いて旨味を閉じ込めます。
中火

8 鍋に移し、赤ワインをふる
赤ワイン ⅔カップ
水 3カップ
赤ワインを加えたら、アルコール分を飛ばします。

9 トマト、ブーケガルニを入れる
束ねたたこ糸の長い方を鍋の取っ手に縛って。
塩 小さじ1
こしょう 少々

10 やわらかくなるまで煮込む
弱火1時間

11 炒めた野菜を加える
中火10分

12 デミグラスソースを加える
デミグラスソース 1缶
塩 小さじ⅓
こしょう 少々
弱火10分〜15分

さばの塩焼き

フライパンで魚を焼いてみましょう。
コツさえ覚えれば、皮目はこんがり、
身はふっくらとした焼き魚ができます。

15分 | 1人分 366kcal

Column フライパンで一緒に

副菜も一緒に作る！

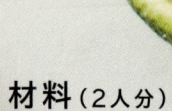

材料（2人分）

さばの切り身（二枚おろし）……2切れ（約250g）
塩……少々
サラダ油……小さじ1

つけ合わせ

長いも……6cm	すだち……1個
しし唐辛子……6個	大根……100g
サラダ油……大さじ½	しょうゆ……適宜

eiko's advice

ボリュームのある野菜を先に焼いて

焼き野菜なら、フライパンひとつで作れて簡単です。長いもなどボリュームのある野菜を選びましょう。さばは皮目からこんがりと焼き、途中ペーパータオルで余分な油をふき取るのがおいしく仕上げるポイントです。

Column

副菜も一緒に作る！ さばの塩焼き

作り方

← 大根をおろす ← さばの下ごしらえ ← 材料を切る

4 大根は皮をむいてすりおろす。

3 さばは皮目に8mm幅の浅い切り目を入れる。

2 しし唐辛子はヘタを切り揃える。すだちは横2つに切る。

1 長いもは皮をむいて1cm厚さの輪切りにする。

← 野菜を焼く 大根おろしの水けをきる ← さばに下味をつける

7 フライパンにサラダ油大さじ½を熱する。長いもを**中火で3分**ほど焼き、裏返してしし唐辛子を加えて**強火で2分**ほど焼いて取り出す。

🔥強火2分　🔥中火3分

6 4の大根おろしをザルに入れて軽く水けをきり、ボウルなどに移す。

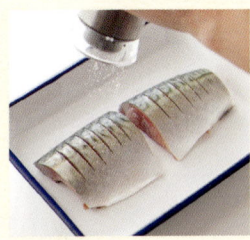

5 さばの両面に塩をまんべんなくふる。

● 器に盛る ← さばを焼く

10 器にさばを盛り、長いも、しし唐辛子、大根おろし、すだちを添え、大根おろしにしょうゆをおとす。

9 蓋を取り、さばを裏返して**弱めの中火で4〜5分**焼いてカリッと仕上げる。

🔥弱めの中火4〜5分　🔥弱火3〜4分　🔥中火3分

8 同じフライパンにサラダ油小さじ1を熱する。さばを皮目を下にして**中火で3分**ほど焼き、途中ペーパータオルで余分な油をふき取り、蓋をして**弱火にして3〜4分**焼く。

Arrange recipe

さばの粗びき黒こしょう焼き

1人分 243kcal　20分

＊**材料(2人分)**＊　さばの切り身(三枚おろし)2切れ(200g)
A(塩小さじ⅓　レモン汁小さじ1　オリーブ油小さじ1　白ワイン大さじ⅔)
　　粗びき黒こしょう大さじ1½　クレソン4本

＊**作り方**＊　**1.**さばは縦2cm幅の棒状に切る。**2.**ボウルにさばを入れ、Aで下味をつけて**10分**ほどおき、粗びき黒こしょうをまぶす。**3.**天板にオーブン用シートを敷き、2のさばを間隔をあけて並べて**オーブントースターで10分**ほど焼く。**4.**器に盛り、クレソンを添える。

77

ペッパーステーキ

いつものステーキに粗びき黒こしょうを
たっぷりまぶして焼きました。
ピリッとした辛さがやみつきに。
じゃがいものソテーを一緒に作りましょう。

30分　1人分 804kcal

フライパンで一緒に
副菜も一緒に作る！

材料（2人分）

牛肉（ステーキ用）
　……2枚（1枚150〜200g）
塩……少々
粗びき黒こしょう……大さじ2
赤ワイン……大さじ3
サラダ油……大さじ½

ソース
　水……大さじ1
　トマトケチャップ……大さじ3
　生クリーム……大さじ3
　塩・こしょう……各少々

つけ合わせ
　じゃがいも……1個（約250g）
　塩……少々
　サラダ油……少々
　さやいんげん……70g
　塩……少々
　バター……小さじ1

おいしいコツ！

赤身の肉はじっくり中火で焼き上げて
赤身のステーキ肉は中火でじっくり焼いて、赤ワインをふったら強火で表面をカリッと焼き上げるのがコツ。脂肪の多い肉は強火でさっと焼いて。

Column 副菜も一緒に作る！ペッパーステーキ

作り方

← さやいんげんを切る ← じゃがいもを切る ← じゃがいもを加熱する ← 牛肉を室温に戻す

4 さやいんげんはヘタを切り、長さを2つに切る。

3 じゃがいもは皮つきのまま縦2つに切り、さらに3等分のくし形に切る。

2 じゃがいもはよく洗い、耐熱の器に入れて軽くラップをし、電子レンジで3〜4分加熱する。

1 牛肉は筋を切り、室温に戻す。

← 牛肉に塩、こしょうをふる ← さやいんげんをあえる ← じゃがいもを焼く

7 牛肉は両面に塩をふる。まな板に粗びき黒こしょう½量をふり、上に牛肉をのせて残りの粗びき黒こしょうをふり、手で軽くおさえつける。

6 4のさやいんげんを塩を入れた熱湯に入れて中火で1分ほどゆで、ザルにあげる。ボウルに移し、バターをからめて塩をふる。

5 フライパンにサラダ油少々を入れて熱し、じゃがいもの切り口を中火で色よく焼き、塩をふって取り出す。（中火）

← ソースを作る ← 赤ワインをふる ← 牛肉を焼く

10 9のフライパンに水、トマトケチャップを加え、塩、こしょうで味をととのえて弱火で軽く煮詰める。生クリームを加えて混ぜる。（弱火）

9 赤ワインをふって中火にしてアルコール分を飛ばし、器に盛る。（中火）

8 フライパンにサラダ油を熱し、牛肉を盛りつけたとき表になる面を下にして入れる。フライ返しでおさえるようにして中火で2〜3分焼き、裏返して同様に焼く。（中火2〜3分）

――― 盛りつける

11 ステーキを盛った器に、じゃがいも、さやいんげんを添え、ソースをかける。

79

フライパンで一緒に

副菜も一緒に作る！

鮭のムニエル

定番の鮭のムニエルもブロッコリーを一緒に焼きましょう。粉ふきいもは別の鍋で作れば、夕食作りもスピードアップ！段取りのコツを覚えましょう。

30分　1人分 321kcal

材料（2人分）

生鮭の切り身……2切れ（約200g）
塩・こしょう……各少々
小麦粉……適量
サラダ油……小さじ1
バター……大さじ1

つけ合わせ
| じゃがいも……1個
| 塩……少々
ブロッコリー……小2房
レモン……1/4個（半分に切る）

Column 副菜も一緒に作る！ 鮭のムニエル

作り方

野菜を切る

1 じゃがいもは皮をむいて4等分に切り、水に**10分**ほどさらす。

2 ブロッコリーは小房に分け、縦2つに切る。

鮭に下味をつける

3 生鮭は両面に塩、こしょうをふる。

じゃがいもをゆでる

4 鍋にじゃがいもを入れ、かぶる程度の水を加えて蓋をし、**中火**にかける。煮立ってきたら、**弱火**にしてやわらかくなるまでゆで、ザルにあげてゆで汁をきる。 〔弱火／中火〕

粉ふきにする

5 4の鍋に戻し入れ、鍋をゆすりながら**中火**で水分を飛ばし、粉がふいたら塩をふる。〔中火〕

鮭に粉をふる

6 鮭の表面に小麦粉を薄くまぶす。

鮭を焼く

7 フライパンにサラダ油を熱し、鮭を盛りつけたとき表になる面を下にして**中火で2分**ほど色よく焼く。〔中火2分〕

ブロッコリーも焼く

8 鮭を裏返し、まわりにブロッコリーを入れて**中火で2〜3分**焼き、ブロッコリーを取り出す。〔中火2〜3分〕

バターを加える

9 鮭にバターをのせて溶かしからめる。器に盛り、ブロッコリー、粉ふきいも、レモンを添える。

おいしいコツ！
鮭は油でカリッと焼き、バターで香りづけ

鮭は最初からバターで焼くと焦げやすいので、サラダ油で焼いて表面をカリッとさせてから、仕上げにバターを加えます。バターの香りがふんわりとおいしい仕上がりに。

Column
卵料理のきほん

安くて栄養価の高い卵は、いろいろな料理に活用できますが、意外と調理にコツが必要です。
基本のゆで卵、目玉焼き、卵焼きなどの作り方をおさえましょう！

黄身が真ん中にくるようにゆでて

ゆで卵
（かたゆで・半熟）

ゆで卵は簡単！ でも、うまく半熟にならなかったり、殻がむきにくかったりするなど、失敗しやすい側面も。ポイントはゆでる時間と、すぐに冷水に浸すことです。

1個分 76kcal
15分

やわらかい **半熟 6〜7分**
かたゆで 10分

材料 （2個分）

卵……2個
（冷蔵庫から出したてのもの）

作り方

🔥中火　🔥弱めの中火

1 直径16cmの鍋に水4〜5カップぐらいを入れて卵を静かに入れる。鍋を**中火**にかけ、卵黄が中心にくるように、煮立つまで菜箸で静かにゆっくり混ぜる。煮立ってきたら**弱めの中火**にし、好みのかたさの時間にタイマーを合わせてゆでる。

2 ゆで上がった卵をたっぷりの冷水にとって、水を替えながら、**10〜20分**浸して完全に冷ます。

3 ゆで卵は平らな台の上で殻にひびを入れて水の中で殻をむく。

memo
殻をキレイにむくためにはすぐ冷やす

ゆで上がった卵は、すぐに冷水につけること。氷を入れるとさらに効果的。卵が完全に冷たくなるまで放置します。冷えた時点で殻にひびを入れ、流水またはボールの中でむくとキレイにむけます。

Column 卵料理のきほん

2個並べてキレイに焼くコツ

目玉焼き

いつもキレイに焼けない……と悩んでいませんか？
白身がふっくら、黄身が色鮮やかな
目玉焼きの焼き方をマスターしましょう。

1個分 94kcal

10分

材料（2個分）

卵……2個
塩・こしょう……各少々
サラダ油……小さじ1

作り方

1 小ボウルなどに卵をそれぞれ割り入れる。

🔥 弱めの中火

2 直径18cmのフライパンにサラダ油をひいて**弱めの中火**にかけ、卵を入れて好みのかたさに焼く。塩をふり、好みでこしょうをふる。

memo

黄身を色鮮やかに焼くには蓋をしない

卵は一度容器に割り入れてから、フライパンになるべく近づけてそっと落とします。黄身を色鮮やかに焼き上げるためには、卵を入れてから弱めの中火にして蓋をせずにじっくり焼き上げるのがコツ。

1人分 306kcal　10分

トーストと一緒に添えたい
スクランブルエッグ

ホテルの朝食に出てくるようなとろとろのスクランブルエッグを作ってみましょう。ポイントは火を通しすぎないことです。

材料（2人分）

- 卵……4個
- 生クリーム……大さじ2
- 塩・こしょう……各少々
- バター……大さじ2

作り方

1 ボウルに卵を割り入れてよく溶きほぐし、生クリーム、塩、こしょうを加えて混ぜる。

2 フライパンにバターを入れ、**中火**で熱して溶かし、1の卵液を流し入れる。

🔥 中火

3 木べらでとろりとするまで混ぜながら火を通す。少しかたまってきたら火を止める。

memo
火を通しすぎないように注意
卵をよく溶きほぐすときは、ボウルの底に箸先をつけて左右に動かしたり、卵白を持ち上げて切ったりするのがポイント。フライパンに流し入れてとろりとするまで大きく混ぜ、少しかたまってきたら火を止めます。

Column 卵料理のきほん

三色丼やちらし寿司に
炒り卵

1人分 198kcal　10分

和風のそぼろごはんなどにのせる、ポロポロの炒り卵を作ってみましょう。菜箸3〜4本で絶えずかき混ぜます。

材料（2人分）

- 卵……4個
- A ┃ 酒……大さじ1
    ┃ みりん……大さじ1
    ┃ 砂糖……大さじ2
    ┗ 塩……少々

作り方

1 ボウルに卵を割り入れてよく溶きほぐし、Aを加えて混ぜる。

2 フライパンに1の卵液を入れて**中火**にかける。

菜箸3〜4本で絶えず全体を混ぜ、まわりが少しかたまってきたら、火からおろして混ぜる。

再び火にかけ、**弱火**でポロポロになるまでかき混ぜ、火を通す。

memo

粒が細かく鮮やかな黄色に仕上げて

火にかけるのは、フライパンに卵液を入れてから。菜箸3〜4本でかき混ぜてまわりがかたまってきたら、一度火からおろしてよく混ぜて粗熱を取ります。そのあと、弱火にかけて仕上げるのがコツ。

1人分 306kcal　10分

ふわふわに焼き上げるコツ
プレーンオムレツ

ふんわりとろとろの半熟状のオムレツに挑戦しましょう。フライパンをよく熱して、バター多めがおいしく仕上げるコツ。

memo
フライ返しを利用して形を整えて
卵液を流し込むタイミングは、フライパンをよく熱してバターを溶かしたところに、卵液を少し落とし、ジュッとしっかり音がしてから。菜箸でよくかき混ぜて、半熟になったらフライ返しで折り畳んで形を整えます。

材料（2人分）

- 卵……4個
- 生クリーム……大さじ2
- 塩・こしょう……各少々
- バター……大さじ2

作り方

1 ボウルに卵を割り入れてよく溶きほぐし、生クリーム、塩、こしょうを加えて混ぜる。

2 直径18～20cmのフライパンにバター大さじ1を入れ、**中火**で熱して溶かし、卵液1/2量を流し入れる。（中火）

3 半熟状になるまで菜箸でかき混ぜる。

4 卵を向こう側から手前に、手前を向こう側に折るようにして包み込み、皿に移す。残りも同様に焼く。

86

Column 卵料理のきほん

Arrange recipe

スペイン風オムレツ

1人分 360kcal
25分

フライパンの型のままで

材料 (2人分)

- 卵……4個
- ベーコン……3枚
- エリンギ……1本
- ズッキーニ……1/2本
- 玉ねぎ……小1/2個
- 赤ピーマン……1個
- 黄パプリカ……1/2個
- 塩・こしょう……各適量
- オリーブ油……大さじ2 1/2

作り方

1 エリンギ、ズッキーニは1cm角に切る。玉ねぎ、赤ピーマン、パプリカ、ベーコンは1cm四方に切る。

2 ボウルに卵を割り入れてよく溶きほぐし、塩小さじ1/6、こしょう少々をふる。

3 フライパンにオリーブ油大さじ1を中火で熱し、ベーコンを入れて炒める。野菜を加えて炒め、塩小さじ1/6、こしょう少々をふってさらに炒め、熱いまま卵液に移して混ぜる。

4 直径18～20cmのフライパンにオリーブ油大さじ1を熱する。3の卵液を流し入れ、大きくかき混ぜて弱火にし、蓋をして4～5分焼く。裏返してまわりからオリーブ油大さじ1/2を流し入れ、中火で2分、弱火にして3分ほど焼き、器に盛る。

ほうれん草とトマトのオムレツ

具を混ぜて！

材料 (2人分)

- 卵……3個
- 塩・こしょう……各少々
- ほうれん草……60g
- トマト……小1/2個
- ピザ用チーズ……30g
- バター……大さじ2

1人分 272kcal
20分

作り方

1 ほうれん草は塩を入れた熱湯でゆでる。冷水にとって冷まし、水けを絞り、粗みじんに切る。

2 トマトはヘタと種を取り、6mm角に切る。

3 ボウルに卵を割り入れてよく溶きほぐし、塩、こしょうをふり、ほうれん草、トマト、チーズを加えて混ぜ合わせる。

4 プレーンオムレツと同様に焼いて、皿に移す。

しっとり形よく焼き上げて

卵焼き

卵焼きを焼くときは、直径18cmのフライパンか、卵焼き用のフライパンを使いましょう。卵液を流し入れて巻いてをくり返して。

作り方

1 ボウルに卵を割り入れてよく溶きほぐし、Aを加えて混ぜる。

中火

2 直径18〜20cmのフライパンにサラダ油を**中火**で熱し、余分な油をペーパータオルでふき取る。卵液を少し落とし、すぐにかたまるようであれば焼き始めのサイン。

3 1の卵液1/3量を流し入れて大きくかき混ぜる。

1人分 188kcal　10分

材料 （2人分）

卵……4個
A ┌ だし汁……大さじ2
　├ 砂糖……大さじ1〜2
　├ しょうゆ……少々
　└ 塩……少々
サラダ油……小さじ1

memo
形が整わないときは巻きすを使う

多少形が崩れてしまったら、巻きすで巻いてから両手でおさえるようにして形作り、そのまま置いて粗熱を取ると切りやすくなります。

88

Column 卵料理のきほん

Arrange recipe

1人分 188kcal ／ 15分

じゃこと万能ねぎの卵焼き

具を混ぜて

材料（2人分）

卵……4個
ちりめんじゃこ……大さじ2
万能ねぎ……3本
酒……大さじ1
サラダ油……小さじ1

作り方

1. 万能ねぎは小口切りにする。
2. ボウルに卵を割り入れてよく溶きほぐし、ちりめんじゃこ、万能ねぎ、酒を入れて混ぜる。
3. 卵焼き（作り方 **2～7**）と同様に焼く。
4. 食べやすく切り、器に盛る。

1人分 191kcal ／ 15分

かにかまぼこの卵焼き

具を巻いて

材料（2人分）

卵……4個
A ［酒……大さじ1
　　塩……少々］
かに風味かまぼこ……3本
サラダ油……小さじ1

作り方

1. かにかまぼこは2cm長さに切る。
2. ボウルに卵を割り入れてよく溶きほぐし、Aを加えて混ぜる。
3. 卵焼きと同様にフライパンを熱し、卵液1/3量を流し入れて大きくかき混ぜ、半熟状になったら、かにかまぼこを横長に奥側に置き、フライ返しで手前に巻き込む。残りの卵液も卵焼き（作り方 **5～7**）と同様に焼く。
4. 食べやすく切り、器に盛る。

---

4 半熟状になったら菜箸で向こう側から手前に巻き込む。

5 あいたところに2のペーパータオルで油をぬり、卵焼きを向こう側によせ、残りの卵液1/2量を流し入れる。

6 卵焼きの下にも卵液を流し入れ、手前の卵液を軽く混ぜる。

7 菜箸で手前に巻き込み、残りの卵液も同様に焼いて取り出す。食べやすく切り、器に盛る。

Column

安心！おいしい！
手作り調味料のススメ❶

市販の調味料は、味が濃く、すぐに飽きてしまうもの。
だし汁をとるのと同じ感覚で、調味料を手作りしてみましょう。
時間のあるときにまとめて作って冷蔵庫に保存して。

* こんな料理に *

そばやうどんに

煮ものの
ベース調味料に

煮浸しなどに

* 保存期間 *

密閉容器に入れて
冷蔵庫で2週間

めんつゆ

市販のめんつゆばかり使っていた人には、
ぜひ手作りのおいしさを知ってほしい！ 作り方も簡単です。

材料（作りやすい分量）

水……2 1/3 カップ（約470㎖）
昆布……1枚（5㎝四方）
削り節……10g
みりん……1/3 カップ（約70㎖）
酒……大さじ2
しょうゆ……1/2 カップ

作り方

1. 鍋に水、昆布を入れて弱火にかける。
2. 1が煮立ってきたら、みりん、酒、しょうゆを入れる。再び煮立ってきたら削り節を入れ、さらに煮立ってきたら、とろ火にして2分ほど煮る。
3. 2を万能こし器でこす。

Part 3

おぼえておきたい！
基本の
メインおかず

毎日の晩ごはんに登場させたい
定番のメインおかずを作りましょう。
和・洋・中のおかずを
煮る、焼く、炒める、蒸す、揚げるなど
基本の調理法別に紹介します。

チキンヨーグルトカレー

素材の水分だけで煮込むから濃厚。

基本のメインおかず　煮もの

材料（4人分）

鶏もも肉（骨つき・ぶつ切り）……800g

下味
A ┌ 塩……小さじ½
　└ カレー粉……大さじ½

玉ねぎ……大2個
にんにく……1かけ
しょうが……小½かけ
トマト……大1個
赤唐辛子……1本
シナモンスティック（2つに折る）……1本
ローリエ……1枚
カレー粉……大さじ3〜4
プレーンヨーグルト……300g
塩……小さじ1
サラダ油……大さじ3

揚げ野菜
┌ かぼちゃ……200g
│ 黄パプリカ……1個
│ ズッキーニ……½本
│ なす……2本
└ オクラ……8本

揚げ油……適量
温かいごはん……800g

おいしいコツ！
ヨーグルトとトマトの水分で煮る
鶏肉は水分が多いので、水を加えず、ヨーグルトとトマトだけでOK。濃厚な仕上がりに。

1人分　900kcal

おすすめ副菜
P.146 グリーンサラダ
P.151 マカロニサラダ

92

チキンヨーグルトカレー

基本のメインおかず / 煮もの

作り方 (60分)

下ごしらえ

1 野菜

玉ねぎ、にんにく、しょうがはみじん切りにする。

トマトは1cm角に切る。

かぼちゃは種とわたを取り、横半分に切り、縦半分に切る。

黄パプリカは縦半分に切り、ヘタと種を取り、4〜5cm四方に切る。

ズッキーニは1cm厚さの輪切りにする。

なすはヘタを切り、縦半分に切り、長さを半分に切る。

オクラはヘタを切り揃えてガクをぐるりとむく。

2 肉の下味

ボウルに鶏肉を入れ、Aをまぶして混ぜ、10分ほどおく。

塩 小さじ½ / カレー粉 大さじ½

本調理

3 フライパンにサラダ油大さじ1を熱し、2の鶏肉を中火で両面を焼きつけて取り出す。

このぐらいこんがり焼けたら取り出して / 中火

4 同じフライパンにサラダ油大さじ2を中火で熱する。1の玉ねぎ、にんにく、しょうがを入れて混ぜ、しんなりしたら蓋をして弱火にする。途中混ぜながら、20分ほどよく炒める。

蓋をすることで早く火が通る。  
このぐらいの飴色になるまで炒める
中火 / 弱火20分

5 4に赤唐辛子、シナモンスティック、ローリエ、カレー粉を加えて中火で炒める。

シナモンスティック 1本 / カレー粉 大さじ3〜4 / ローリエ 1枚 / 中火

6 5に鶏肉を戻し入れ、1のトマト、プレーンヨーグルト、塩を加えて混ぜる。煮立ってきたら弱火にして蓋をし、途中上下を混ぜながら30〜40分煮込む。

中火 / 弱火30〜40分
トマトとプレーンヨーグルトの水分のみで煮る。
鶏肉の水分も出てホロホロの煮上がりになる 

7 揚げ油を170℃に熱し、野菜を素揚げして取り出し、揚げ網にのせて油をきる。器に温かいごはんを盛り、揚げ野菜を添え、チキンカレーをかける。

※揚げ油の温度の目安はP.29参照

170℃

基本のメインおかず　煮もの

肉じゃが

いもの表面のでんぷん質を水にさらして取る。

材料（2〜3人分）

- 牛切り落とし肉……150g
- じゃがいも……大3個
- にんじん……1本
- 玉ねぎ……小1個
- しらたき……120g
- サラダ油……大さじ1

煮汁
- 酒……大さじ2
- だし汁（または水）……2/3カップ（約150mℓ）
- 砂糖……大さじ1/2
- みりん……大さじ2
- しょうゆ……大さじ3

おいしいコツ！

じゃがいもを水にさらすワケ

じゃがいもを切ると表面にでんぷん質が出るため、そのまま煮ると煮崩れします。水にさらしてでんぷん質を取るのがポイント。

1人分　360kcal

おすすめ副菜

P.165　いんげんのごまあえ

P.166　きゅうりとわかめの酢のもの

作り方 (40分)

下ごしらえ

1 野菜

じゃがいもは皮をむいて4等分に切り、水に**10分**ほどさらして水けをよくふく。

にんじんは皮をむいて縦半分に切り、1.5cm厚さの半月切りにする。

玉ねぎは縦半分に切り、4等分のくし形に切る。

2 しらたき

しらたきは食べやすい長さ（5～6cm）に切る。

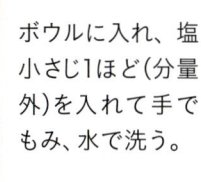

ボウルに入れ、塩小さじ1ほど（分量外）を入れて手でもみ、水で洗う。

鍋に入れ、ひたひたの水を加えて**中火**にかける。煮立ってきたら**弱火**にして**5分**ほどゆで、ザルにあげる。

🔥中火　🔥弱火5分

本調理

3 フライパンにサラダ油を**中火**で熱する。牛肉を入れて色が変わるまでほぐすようにして炒め、野菜を加えてさらに炒める。

🔥中火

4 しらたきを加えて炒め、酒をふり、だし汁を注ぐ。

酒をふってアルコール分を飛ばして

酒 大さじ2
だし汁 ⅔カップ

5 煮立ってきたら砂糖、みりんを加えて混ぜる。

砂糖を先に入れると味が入りやすい

砂糖 大さじ½
みりん 大さじ2

6 蓋をして**6分**ほど煮る。

煮汁が少なくても食材の水分だけで煮る

🔥中火6分

7 しょうゆを加えて混ぜる。蓋をして**弱火**にし、野菜がやわらかくなるまで**10分**ほど煮て、器に盛る。

しょうゆ 大さじ3　🔥弱火10分

基本のメインおかず　煮もの

かれいの煮つけ

煮汁をかけながら火を通すのがコツ。

材料（2人分）

かれいの切り身……2切れ（約200g）
しょうが……½かけ

煮汁
- 水……½カップ
- 砂糖……大さじ½
- 酒……大さじ3
- みりん……大さじ2
- しょうゆ……大さじ3

つけ合わせ
キャベツ……150g

おいしいコツ！
煮汁は少なめでOK。
かけながら火を通す
かれいは加熱すると水分が出るので、煮汁は少なくてOK。煮汁をかけながらうっすらと火を通して、蓋をして煮上げます。

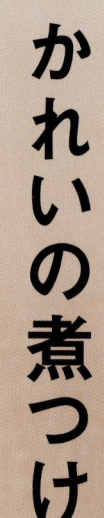

1人分　209kcal

おすすめ副菜
P.155 焼きれんこんのサラダ
P.164 簡単白あえ

96

作り方 (20分)

下ごしらえ

1 野菜

しょうがは皮をむいて薄切りにし、さらにせん切りにする。

キャベツは5cm四方に切る。

2 かれい

かれいは両面の皮目に浅く切り目を入れる。

eiko's advice

切り目の役割

皮に切り目を入れると、火の通りがよくなるとともに、皮が破れるのを防ぎます。平行な切り目のほか、十字の切り目などもあります。

本調理

3 フライパンに水を入れて**中火**で煮立て、砂糖、酒、みりん、しょうゆ、しょうがのせん切りを入れる。再び煮立ったら**弱火**にしてかれいを入れる。

水 ½カップ	砂糖 大さじ½
酒 大さじ3	みりん 大さじ2
しょうゆ 大さじ3	

中火 / 弱火

4 スプーンで煮汁をかけながら、表面にも火を通す。

煮汁を魚にまんべんなくかけて

5 表面の色が変わったら、蓋をして**弱火で8分**ほど煮る。

皮に火が通ってきたら蓋をして身に火を通す

弱火8分

6 あいたところにキャベツを入れて混ぜ、しんなりするまで煮て器に盛り合わせる。

添える野菜も一緒に

基本のメインおかず / 煮もの / かれいの煮つけ

97

基本のメインおかず
煮もの

ぶり大根

大根の下ゆでにとぎ汁は必要なし。

材料（2〜3人分）

ぶりの切り身……2切れ
大根……10cm（約500g）
しょうが……小1かけ

煮汁
| 水……½カップ
| 砂糖……大さじ1
| 酒……大さじ3
| みりん……大さじ3
| しょうゆ……大さじ3

おいしいコツ！

そのまま冷まして食べる直前に温めて

ぶり大根のような煮ものは、煮上がったらそのまま一度冷ますこと。食べる直前に温めると味がしみてさらにおいしくなります。

おすすめ副菜

P.165 焼きなす

P.167 うどとえびの黄身酢かけ

1人分 304kcal

98

作り方 (60分)

下ごしらえ

1 野菜

大根は2.5cm厚さの輪切りにして皮を厚めにむき、縦半分に切って半月切りにする。

しょうがは皮をむき、半分は薄切りにしてせん切りにする。残り半分はさらに薄切りにし、せん切りにして針しょうがを作る。皮はとっておく。

ぶりは1切れを3等分に切る。

2 下ゆで

鍋に大根を入れ、たっぷりの水、米大さじ½（分量外）を加えて中火にかける。煮立ってきたら弱火にして蓋をし、大根がやわらかくなるまで20分ほど下ゆでする。そのまま冷まし、米を水で洗い落として水けをきる。

🔥弱火20分　🔥中火

米のとぎ汁ではなく米を加えるだけでOK

本調理

3 フライパンに水を入れて中火で煮立て、砂糖、酒、みりん、しょうゆ、しょうがのせん切り、しょうがの皮を入れる。再び煮立ったら重ならないようにぶりを入れる。

砂糖大さじ1	水½カップ
しょうゆ大さじ3	みりん大さじ3	酒大さじ3

🔥中火

4 煮立ってきたらスプーンで煮汁をかけ、蓋をして弱火で10分ほど煮る。

🔥弱火10分

5 4に2の大根を入れ、途中上下を返しながら蓋をして15～20分煮る。器に盛り、針しょうがを天盛りにする。

🔥弱火15～20分

---

eiko's advice

フライパンでおいしい煮魚ができるワケ

フライパンは浅くて、直径が大きいので切り身魚はもちろん、一尾魚でも煮やすく、取り出しやすいのが特長。フライパンにぴったりの蓋があれば、少ない煮汁でも魚に火が通り、ふっくらおいしく煮上がります。

かぶのそぼろ煮

基本のメインおかず 煮もの

煮汁にとろみをつけて薄味でもおいしい。

材料（2人分）

- かぶ（葉つき）……3個（約300g）
- 鶏ひき肉……100g
- サラダ油……小さじ1

煮汁
- 酒……大さじ2
- 水……2カップ
- しょうが汁……小さじ1
- みりん……大さじ1
- しょうゆ……小さじ1/2
- 塩……小さじ1/2弱

水溶き片栗粉
- 片栗粉……大さじ1
- 水……大さじ2

おいしいコツ！
ひき肉の旨味をかぶに煮含めて

最初にひき肉の旨味をひきだし、かぶを入れてかぶに煮めます。かぶは冷やすと独特の臭みなどがあります。少ない水分で煮てとろみをつけることでかぶにからみおいしくいただけます。

1人分 186kcal

おすすめ副菜
- P.150 豚しゃぶの和風サラダ
- P.167 うどとえびの黄身酢かけ

100

作り方 (25分)

下ごしらえ

1 かぶ

かぶは茎を3cmほど残して葉を切り、皮をむいて縦4等分に切る。水に**5分**ほどさらして根元の土などを取り、水けをきる。葉は3cm長さに切る。

本調理

2 フライパンにサラダ油を**中火**で熱し、ひき肉を入れてほぐすようにして炒める。

🔥中火

3 肉の色が変わったら、酒をふり、水を加える。

酒 大さじ2
水 2カップ

4 アクを取りながら**中火で5分**ほど煮る。

🔥中火5分

本調理

5 かぶを入れ、蓋をして**中火で5分**ほど煮る。

🔥中火5分

6 しょうが汁、みりん、しょうゆ、塩を加えて蓋をし、煮立ってきたら**弱火**にして、かぶがやわらかくなるまで**4〜5分**煮る。

みりん 大さじ3　しょうが汁 小さじ1
塩 小さじ½弱　しょうゆ 小さじ½

🔥弱火4〜5分

> かぶは火が入りやすいので、加熱しすぎに注意

7 かぶの葉を入れて混ぜ、蓋をして**1〜2分**煮る。

🔥弱火1〜2分

8 よく混ぜた水溶き片栗粉でとろみをつけて、器に盛る。

> 水溶き片栗粉を加えたらよく混ぜて

基本のメインおかず / 煮もの / かぶのそぼろ煮

鶏つくねの炊き合わせ

ひとつの鍋で煮合わせるのがコツ。

基本のメインおかず　煮もの

材料（2人分）

鶏ひき肉……150g
きくらげ
　……大さじ½（戻して約10g）
長ねぎ……6cm

下味
A [酒……大さじ1
　　片栗粉……大さじ½
　　しょうが汁……少々
　　しょうゆ……少々
　　塩……少々]

小松菜……60g
にんじん……½本
厚揚げ……1枚

煮汁
[だし汁……2½カップ
　酒……大さじ1
　みりん……大さじ2
　しょうゆ……小さじ½
　塩……小さじ½弱]

おいしいコツ！

だしで一緒に煮るための適切な下処理をする

かたくて火の通りにくいにんじんは、下ゆでを。だしの出る鶏つくねを最初に入れ、にんじん、厚揚げの順に加えます。小松菜はすぐに火が通るので最後に入れます。

おすすめ副菜
P.155 大根とほたて缶のサラダ
P.165 いんげんのごまあえ

1人分 369kcal

作り方 (40分)

下ごしらえ

1 きくらげ・野菜

きくらげはたっぷりの水で戻す。石づきを切り落として2cm幅に切り、せん切りにする。

長ねぎはみじん切りにする。

小松菜は根元に十文字の切り込みを入れ、水につけて泥などを落とし、3cm長さに切る。

にんじんは皮をむいて1cm厚さの輪切りにする。

鍋に入れ、ひたひたの水を加えて**中火**にかけ、煮立ってきたら、蓋をして**弱火で5〜6分**ゆでてザルにあげる。

🔥中火　🔥弱火5〜6分

2 厚揚げ

厚揚げは熱湯にさっと通して油抜きし、8等分に切る。

本調理

3 ボウルにひき肉、長ねぎ、Aを入れて手でよく混ぜてから、きくらげを加えてさらによく混ぜる。

ひき肉に調味料を加えて一度しっかり練るとふんわりとした食感に

| 片栗粉大さじ½ | 酒大さじ1 |
| 塩少々 | しょうゆ少々 | しょうが汁少々 |

4 鍋にだし汁を**中火**で煮立て、酒、みりん、しょうゆ、塩を加えて調味する。

| だし汁 2½カップ |
| みりん大さじ2 | 酒大さじ1 |
| 塩小さじ⅔ | しょうゆ小さじ½ |

🔥中火

5 スプーンを水でぬらし、肉だねを一口大に形作りながら4に入れていく。

スプーンを水でぬらすとくっつかない

6 肉だねが全量入ったら、にんじん、厚揚げを加える。煮立ってきたら、**弱火**にして**8〜10分**煮る。

🔥中火　🔥弱火8〜10分

7 最後に小松菜を入れてひと煮し、器に盛り合わせ、煮汁をかける。

小松菜は最後に。色もキレイに仕上がる

基本のメインおかず / 煮もの / 鶏つくねの炊き合わせ

103

豚肉のしょうが焼き

片栗粉をまぶして焼き、調味料をからめる。

基本のメインおかず
焼きもの

材料（2人分）

豚ロース肉（しょうが焼き用）
　……6枚（約250g）
しょうが……½かけ
片栗粉……適量
サラダ油……小さじ2

合わせ調味料

A ┌ 砂糖……大さじ½
　├ 酒……大さじ1
　├ しょうゆ……大さじ1½〜2
　└ みりん……大さじ1

つけ合わせ

きゅうり……½本
ミニトマト……6個
キャベツ……150g

おいしいコツ！

肉に片栗粉をまぶして旨味を閉じ込める

豚肉に片栗粉をまぶして焼くのは旨味を閉じ込めるため。また、調味料を加えるとからみやすくなるので、ジューシーなコクのある一品に。

おすすめ副菜

P.149 クリーミーポテトサラダ
P.159 ジャーマンポテト

1人分 465kcal

104

作り方 (15分)

下ごしらえ

1 野菜

きゅうりは5mm厚さの斜め切りにする。

ミニトマトはヘタを取る。

キャベツはせん切りにして冷水にさらし、パリッとしたらザルにあげて水けをきる。

しょうがは皮をむいてすりおろす(小さじ2分)。

2 肉

豚肉はまな板に広げて筋を包丁の切っ先で切るように刺す。

3 合わせ調味料

小ボウルにAを入れて混ぜ合わせる。

砂糖 大さじ½	酒 大さじ1
しょうゆ 大さじ1½〜2	みりん 大さじ1

本調理

4 豚肉に片栗粉を薄くまぶし、余分な粉ははたき落とす。

5 フライパンにサラダ油小さじ1を熱し、豚肉3枚を重ならないように広げて入れる。**中火**で両面を色よく焼いて取り出す。残りも同様に焼く。

6 フライパンに取り出しておいた5の豚肉を戻し入れて火を止める。

戻し入れることで火の通しすぎを防ぐ

7 合わせておいたA、1のしょうが小さじ1を加えて**弱火**にかける。

合わせ調味料A ●弱火

8 フライパンをゆすりながら調味料をからめる。器にキャベツを敷き、しょうが焼きを盛り、残りのしょうがをのせ、きゅうり、ミニトマトを添える。

基本のメインおかず / 焼きもの / 豚肉のしょうが焼き

105

基本のメインおかず
焼きもの

焼き豚

こんがり焼いてから蒸し焼きでジューシー。

材料（4人分）

豚肩ロースかたまり肉
　（ネットに入ったもの）
　　……400g（直径4〜5cm）
サラダ油……小さじ1

下味
A ┌ にんにく……1かけ
　│ 長ねぎの青い部分……1本分
　│ しょうが汁……大さじ1
　│ しょうゆ……大さじ1
　│ 酒……大さじ1
　│ 五香粉……少々
　└ こしょう……少々

たれ
┌ 酒……大さじ2
│ しょうゆ……大さじ2
└ はちみつ……大さじ2

つけ合わせ
キャベツ……200g
長ねぎ……½本
香菜……少々

おいしいコツ！

蒸し焼きにすることで中まで火が通り肉がやわらかくなる

下味をつけた豚肉を焼くときは、室温に戻しておくこと。こんがり焼いたら蓋をして蒸し焼きにすると焦げ目も落ち、やわらかい仕上がりに。

おすすめ副菜

P.157 かぼちゃの煮もの
P.158 小松菜のにんにく炒め

1人分　342kcal

作り方 （60分）

下ごしらえ

1 野菜

にんにくは薄切り、長ねぎの青い部分は6cm長さに切る。

キャベツはせん切りにして冷水にさらし、パリッとしたらザルにあげて水けをきる。

長ねぎは3〜4cm長さに切り、縦半分に切って芯を取り、せん切りにする。冷水にさらしてパリッとしたら、ザルにあげて水けをきる。

2 肉の下味

豚肉は味がしみやすいように竹串で全体を刺す。保存袋にAを合わせて、豚肉を入れる。余分な空気を抜いて**2時間〜一晩**、冷蔵庫に入れて下味をつける。豚肉は焼く**1時間**ほど前に冷蔵庫から出し、室温に戻しておく。

酒 大さじ1	しょうゆ 大さじ1	しょうが汁 大さじ1
こしょう 少々	五香粉 少々	

本調理

3 フライパンにサラダ油を熱し、豚肉を入れて**中火**で全体に焼き色をつける。

🔥中火

4 蓋をして途中2〜3回、豚肉を回しながら**弱火で30〜40分**蒸し焼きにする。

🔥弱火30〜40分

5 酒をふり、アルコール分を飛ばす。

調味料を加える前に酒をふるのがおいしくなるコツ

酒 大さじ2

6 しょうゆ、はちみつを加えて**弱火**で煮詰めながら肉にからめる。取り出してたこ糸（ネット）を取り、5〜6mm厚さに切る。器に焼き豚を盛り、たれをかけ、キャベツ、長ねぎ、香菜を添える。

はちみつ 大さじ2 ／ しょうゆ 大さじ2 ／ 🔥弱火

---

eiko's advice

たれを加えるタイミング

焼き豚のように、かたまり肉を焼いて調味料を加える場合は、しっかり肉に火が通ってからがいいでしょう。焦げやすいしょうゆとはちみつは、弱火で煮詰めながら肉の表面にからめるとジューシーな焼き豚ができます。

基本のメインおかず
焼きもの

ぶりの照り焼き

下味の漬け汁は少なめで、新たな調味料で味つけ。

材料（2人分）

ぶりの切り身……2切れ
しょうが……⅓かけ（約6g）

下味
A ┃ 酒……大さじ½
　┃ しょうゆ……大さじ½

サラダ油……小さじ1

たれ
┃ 酒……大さじ1
┃ みりん……大さじ2
┃ しょうゆ……大さじ1½〜2
┃ 砂糖……大さじ½

おいしいコツ！

たれを加える前に蒸し焼きにする

焼き色をつけるために、たれを加える前に両面をよく焼き、蓋をして蒸し焼きにします。そこに調味料を加えてゆすりながら味をからめるのがコツ。

おすすめ副菜
P.156 ひじきの煮もの
P.163 キャベツの煮浸し

1人分 378kcal

作り方 (30分)

下ごしらえ

1 野菜

しょうがは皮をむいてすりおろす（小さじ½分）。

2 ぶりの下味

バットに1のしょうが小さじ1とAを合わせ、ぶりを入れてからめる。途中上下を返しながら**20分**ほどおき、下味をつける。

しょうゆ 大さじ½ / 酒 大さじ½

ペーパータオルで汁けをふく。

本調理

3 フライパンにサラダ油を熱する。盛りつけたとき表になる面を下にして入れ、**中火で2〜3分**色よく焼きつける。裏返して同様に焼く。

🔥 中火2〜3分→2〜3分

4 蓋をして**弱火で2〜3分**蒸し焼きにする。

🔥 弱火2〜3分

5 酒をふり、みりん、しょうゆ、砂糖、1の残りのしょうがを加える。ぶりにスプーンでたれをかけ、フライパンをゆすりながら、からめる。器に盛り、菊花かぶを添える。

みりん 大さじ2 / 酒 大さじ1 / 砂糖 大さじ½ / しょうゆ 小さじ1½〜2

Arrange recipe

鶏のみそ照り焼き （1人分 545kcal）

＊材料（2人分）＊ （20分）

鶏もも肉小2枚（約400g） 酒大さじ1
A（砂糖小さじ1、しょうが（すりおろし）小さじ1、みそ大さじ2、みりん大さじ1）
スナップえんどう（ヘタの下に包丁で切り込みを入れ、上下の筋を取る）12本
サラダ油大さじ1

＊作り方＊ 1.鶏肉は余分な皮、脂を取り、皮目を下に横長に置き、包丁で筋を切るように4〜5本、浅く切り目を入れる。2.ボウルにAを入れてみそを溶きのばす。3.フライパンにサラダ油大さじ½を熱し、スナップえんどうを**中火**で両面を焼きつけて取り出す。4.同じフライパンにサラダ油大さじ½を熱し、鶏肉の皮目を下にして**中火**で色よく**3分**ほど焼く。裏返して**1分**ほど焼き、蓋をして**弱火で5分**ほど蒸し焼きにする。5.4の鶏肉に酒をふり、2を加えてフライパンをゆすりながらからめる。6.鶏肉を食べやすく切り、器に盛り、スナップえんどうを添える。

菊花かぶ

切り方をマスターし、添えものに

＊材料（4個分）＊
かぶ大1個
塩水（水1カップ、塩小さじ½）
A：（酢大さじ2、水大さじ1、砂糖小さじ1）
赤唐辛子（種を取る）⅓本
菊の葉適宜

＊作り方＊ （1切れ分 13kcal）

1.かぶは皮をむき、底になる5mmほど残して細かく縦横に切り込みを入れる（かぶの両側に割り箸をはさむように置き、包丁で切り込みを入れれば、下まで切れない）。2.塩水に浸してしんなりしたら、水けを絞る。ボウルにAを入れて混ぜ、**10分**ほど漬け込む。3.汁けを絞って4等分に切り、赤唐辛子を輪切りにしてのせ、あれば菊の葉を添える。

焼き鳥・つくね

こんがり焼いてから調味料で味つけ。

材料（2人分）

焼き鳥
- 鶏もも肉……小1枚（約200g）
- 玉ねぎ……小½個
- 塩……小さじ½
- サラダ油……小さじ½
- レモン（くし形切り）……2切れ

つくね
- 鶏軟骨……60g
- 鶏ひき肉……200g
- 長ねぎ……10cm
- A
  - 酒……大さじ1
  - しょうゆ……小さじ½
  - しょうが汁……小さじ½
  - 塩……少々
- サラダ油……小さじ½

たれ
- B
  - 砂糖……小さじ1
  - 酒……大さじ1
  - みりん……大さじ1
  - しょうゆ……大さじ1
- 七味唐辛子……少々

1人分 477kcal

おいしいコツ！
味をつけるのはこんがり焼けてから

鶏肉は小さめに切っているので焼いたあとに塩をふると、肉のおいしさが引き立ちます。レモン汁をふると程よい塩気と酸味でさっぱりいただけます。

おすすめ副菜
- P.160 きんぴらごぼう
- P.167 ゆできのこの梅あえ

作り方 (30分)

下ごしらえ

1 野菜

玉ねぎ（焼き鳥）
玉ねぎは根元を切り取って2cm幅のくし形に切り、長さを半分に切る。

長ねぎ（つくね）
長ねぎはみじん切りにする。

2 肉

鶏もも肉（焼き鳥）
もも肉は余分な脂を取り、2cm角ぐらいに切る。

鶏軟骨（つくね）
軟骨は粗みじんに切る。

3 たれ
小ボウルにBを合わせておく。

砂糖	酒	みりん	しょうゆ
小さじ1	大さじ1	大さじ1	大さじ1

本調理

4 鶏もも肉と玉ねぎを交互に竹串に刺す。これを4本作る。

> 竹串の先端で指を刺さないように気をつけて

5 ボウルにひき肉を入れ、長ねぎ、Aを加えて手で粘りが出るまで混ぜる。軟骨を加えてさらに混ぜる。6等分にして、水でぬらした手で円盤状に形作る。

6 フライパンにサラダ油少々を熱し、4の串を**中火で3分**ほど焼く。裏返して**3分**ほど焼き、塩をふり、器に盛ってレモンを添える。

> 塩 小さじ½　中火3分→3分

7 フライパンにサラダ油少々を熱し、つくねを**中火で2分**ほど焼く。裏返して蓋をして**1分**ほど焼き、**弱火**にして蓋をしたまま**3分**ほど蒸し焼きにする。合わせておいた3のたれをまわし入れ、フライパンをゆすりながらからめる。器に盛り、七味唐辛子をふる。

> たれ B　中火2分→1分　弱火3分

基本のメインおかず
焼きもの

アスパラガスの肉巻き焼き

生のアスパラに、肉をグルグル巻きつけて。

材料（2人分）

- グリーンアスパラガス（太めのもの）
  ……6本（約210g）
- 豚バラ薄切り肉（長いもの）
  ……6枚（約150g）
- 塩……小さじ½
- こしょう……少々
- サラダ油……小さじ½

おいしいコツ！

1本丸ごと巻くと肉がはがれにくく手軽
アスパラガスは火が通りやすいので生のまま豚肉でグルグル巻きに。豚肉の脂の旨味もアスパラガスにしみておいしくなります。

おすすめ副菜

P.151 マカロニサラダ
P.161 にんじんのたらこ炒め

1人分 322kcal

112

作り方 (15分)

下ごしらえ

1 野菜

グリーンアスパラガスは切り口を2〜3mm切り落とし、下の方のかたい皮をピーラーでむく。

2 肉

まな板に豚肉を広げ、両面に塩、こしょうをふる。

塩 小さじ½
こしょう 少々

本調理

3 グリーンアスパラガスに豚肉を巻く。

アスパラガスの穂先を残してグルグル巻いて

4 フライパンにサラダ油を**中火**で熱し、グリーンアスパラガスを並べる。

中火

全体を色よく焼き、器に盛る。

Arrange recipe

豚肉の野菜巻き照り焼き

1人分 322kcal　20分

＊材料(2人分)＊
豚もも薄切り肉6枚(約200g) えのきだけ1袋 にんじん½本 万能ねぎ6本 片栗粉適量 サラダ油大さじ⅔ 酒大さじ1 みりん大さじ2 しょうゆ大さじ1½〜2 砂糖小さじ1

＊作り方＊
1.えのきだけは根元を切って粗くほぐす。にんじんは皮をむいてせん切り。万能ねぎは15cm長さに切る。2.まな板に豚肉を縦長に広げ、15cm幅ぐらいになるように重ねて片栗粉をふる。えのきだけ、にんじん、万能ねぎをのせて手前から巻く。3.フライパンにサラダ油を熱する。豚肉の表面に片栗粉を薄くまぶし、**中火**で全体を焼きつけ、蓋をして弱火で**4〜5分**蒸し焼きにする。4.3に酒をふり、火を止めてみりん、しょうゆ、砂糖を加える。**弱めの中火**にかけ、たれをからめる。5.食べやすい大きさに切って器に盛り、フライパンに残ったたれをかける。

キャベツの肉巻き焼き

1人分 311kcal　20分

＊材料(2人分)＊
豚もも薄切り肉6枚(約200g) 塩・こしょう各少々 キャベツ200g A(マヨネーズ大さじ2、塩小さじ¼、こしょう少々) 小麦粉適量 サラダ油小さじ½

＊作り方＊
1.キャベツはせん切りにしてボウルに入れ、Aで調味して混ぜる。2.まな板に豚肉½量を縦長に広げ、塩、こしょうをふり、少しずつ重ねて12cm幅ぐらいにし、小麦粉を薄くふる。これを2セット作る。3.キャベツ½量を豚肉の手前にのせ、手前から巻いていく。4.フライパンにサラダ油を熱する。豚肉の巻き終わりを下にして入れ、**中火**で全体に焼き色をつけ、蓋をして**弱火で3分**ほど蒸し焼きにする。5.食べやすい長さに切り、器に盛る。

麻婆豆腐

豆腐を加えたら触らず、ゆするだけ。

材料（2人分）

- 絹ごし豆腐……1丁（約300g）
- 豚ひき肉……100g
- 長ねぎ……15cm
- にんにく……小1かけ
- サラダ油……小さじ½

煮汁
- 豆板醤……小さじ½〜⅔
- 甜麺醤……大さじ1
- 酒……大さじ1
- 水……⅔カップ（約150㎖）
- しょうゆ……大さじ1

水溶き片栗粉
- 片栗粉……大さじ1½
- 水……大さじ3

- ごま油……小さじ1

おいしいコツ！

肉に火を通してから薬味を加える

ひき肉は肉から出る脂が透明になるまで炒め、薬味、豆板醤、甜麺醤を加えてよく炒めて。そのあと蓋をして弱火でじっくり煮るのがコツ。

おすすめ副菜

P.155 大根とほたて缶のサラダ

P.158 小松菜のにんにく炒め

1人分 289kcal

作り方 20分

下ごしらえ

1 野菜

長ねぎはみじん切りにする。

にんにくはみじん切りにする。

2 豆腐

絹ごし豆腐は2〜2.5cm角に切る。

本調理

3 フライパンにサラダ油を**中火**で熱し、ひき肉を入れてほぐすようにして炒める。肉の色が変わったら、にんにく、長ねぎを加えて炒める。

🔥中火

4 豆板醤、甜麺醤を加えて炒め、酒をふり、水を加える。

| 甜麺醤 大さじ1 | 豆板醤 小さじ1/2〜2/3 |
| 水 2/3カップ | 酒 大さじ1 |

5 ひと煮立ちしたら、しょうゆで調味し、蓋をして**弱火で8〜10分**煮る。

しょうゆ 大さじ1　🔥弱火8〜10分

6 豆腐を入れてひと煮立ちしたら、**弱火で2〜3分**煮る。

豆腐を加えたらゆするようにして煮込んで

🔥弱火2〜3分

7 よく混ぜた水溶き片栗粉でとろみをつけ、ごま油をふり、器に盛る。

水溶き片栗粉を加えたらよく混ぜて

ごま油 小さじ1

---

eiko's advice

お好みの豆腐で作るポイント

絹ごし豆腐の場合は、やわらかさを生かすために水きりせずに使います。木綿豆腐の場合も水きりせずそのままでOK。豆腐を加えたあとはフライパンをゆすりながら、煮込みましょう。仕上げのごま油はフルフルの食感を生みます。

基本のメインおかず / 炒めもの / 麻婆豆腐

チンジャオロースー

家庭にある調味料でプロの味に。

基本のメインおかず　炒めもの

材料（2人分）

- 牛肉（焼き肉用）……100g
- 片栗粉……大さじ⅔
- ピーマン……4個（正味175g）
- 赤ピーマン……1個（約50g）
- 長ねぎ……10cm
- 酒……大さじ1
- サラダ油……大さじ1½

合わせ調味料

A
- 砂糖……小さじ1
- しょうゆ……大さじ1½～2
- こしょう……少々

おいしいコツ！

ピーマンは繊維を切ってやわらかく

ピーマンは繊維を切るようにすることで食べやすくなり、牛肉は片栗粉をまぶして炒めることで旨味を閉じ込めます。

おすすめ副菜

- P.154 コールスロー
- P.156 ひじきの煮もの

1人分 254kcal

116

作り方 (20分)

下ごしらえ

1 野菜

ピーマンは縦半分に切り、ヘタと種を取り、6mm幅の斜め切りにする。

赤ピーマンは縦半分に切り、ヘタと種を取り、6mm幅の斜め切りにする。

長ねぎは縦半分に切り、6mm幅の斜め切りにする。

2 肉

牛肉は5mm幅に切る。

片栗粉をまぶす(片栗粉をまぶすと調味料がからみやすくなり、水っぽくならない)。

本調理

3 フライパンにサラダ油大さじ1を熱し、ピーマン、赤ピーマンを**強火で30秒～1分**炒める。

💧💧💧 強火30秒～1分

少ししんなりしたら、バットに取り出す。

一度取り出してシャキシャキ感を残して

4 同じフライパンにサラダ油大さじ½を**中火**で熱し、牛肉を入れてほぐすようにして炒める。

💧💧 中火

5 肉の色が変わったら、酒をふり、Aで調味して炒め合わせる。

砂糖 小さじ1	酒 大さじ1
こしょう 少々	しょうゆ 大さじ1½～2

6 3のピーマンを戻し入れ、長ねぎを加えてさっと炒め合わせて器に盛る。

野菜に火を通しすぎないのがコツ

基本のメインおかず / 炒めもの / チンジャオロースー

えびのチリソース炒め

えびは片栗粉＆蒸し煮でプリプリに。

基本のメインおかず / 炒めもの

材料（2人分）

- むきえび……200g
- 片栗粉……大さじ1
- 長ねぎ……1/2本
- にんにく……1/2かけ
- 豆板醤……小さじ1/2〜1
- 酒……大さじ2
- サラダ油……小さじ1

合わせ調味料

A
- トマトケチャップ……大さじ4
- 水……大さじ3
- 砂糖……大さじ1
- 塩……小さじ1/4

- ごま油……大さじ1
- 香菜……少々

おいしいコツ！
にんにくと長ねぎを加えるタイミング

にんにくは最初に炒めると焦げやすいので、えびを炒めたあとに加えます。長ねぎの香りと辛味を生かすために、合わせ調味料を入れたあとに加えて。

おすすめ副菜
- P.165 いんげんのごまあえ
- P.165 焼きなす

1人分 265kcal

118

作り方 （20分）

下ごしらえ

1 野菜

長ねぎは粗みじんに切る。

にんにくはみじん切りにする。

2 えび

えびはあれば背わたを取り、水で洗い、水けをきる。えびに片栗粉をまぶす。

3 合わせ調味料

ボウルにAを入れて混ぜておく。

トマトケチャップ 大さじ4
水 大さじ3
砂糖 大さじ1
塩 小さじ1/4

本調理

4 フライパンにサラダ油を熱し、えびを入れて**中火**でさっと炒める。

🔥中火

5 にんにくを加えてさっと炒める。

えびに火が通ってからにんにくを加える

6 豆板醤を加えて炒め、酒をふる。

酒をふってえびの生臭さを取る

豆板醤 小さじ1/2〜1
酒 大さじ2

7 蓋をして**中火で1分**ほど蒸し煮にする。

えびは中まで火を通して

🔥中火1分

8 7に3の合わせ調味料、長ねぎの順に加え、とろみが出るまで炒め合わせる。最後にごま油をふり、器に盛り、香菜をのせる。

ごま油 大さじ1
合わせ調味料A

基本のメインおかず／炒めもの／えびのチリソース炒め

基本のメインおかず
炒めもの

ゴーヤチャンプル

ゴーヤは蒸し煮にして苦味を抑える。

材料（2～3人分）

- 豚バラ薄切り肉……100g
- ゴーヤ……1本（約250g）
- 玉ねぎ……1/2個
- にんじん……1/2本
- 卵……2個
- 酒……大さじ1
- 塩……小さじ1/2
- こしょう……少々
- ごま油……大さじ1/2
- 削り節……少々

おいしいコツ！

肉はこんがり焼いて脂を出して

豚バラ肉はこんがりと焼いて、脂を出してからゴーヤを炒めて旨味を移します。蓋をして火を通すことで苦味がほどよく抑えられます。

おすすめ副菜

P.163 キャベツの煮浸し
P.166 きゅうりとわかめの酢のもの

1人分 238kcal

作り方 20分

下ごしらえ

1 野菜

ゴーヤは縦半分に切り、スプーンで種とわたを取り、3～4mm厚さの半月切りにする。

玉ねぎは根元を切り取り、縦5mm幅に切る。

にんじんは皮をむいて、野菜スライサーで太めのせん切りにする。

2 肉

豚肉は3cm長さに切る。

3 卵

ボウルに卵を割り入れてよく溶きほぐす。

本調理

4 フライパンにごま油を**中火**で熱し、豚肉を入れてほぐし、焼きつける。

🔥中火

5 豚肉がこんがりと焼けたら、ゴーヤを入れる。

豚肉の旨味をゴーヤに移す

6 蓋をしてゴーヤがしんなりするまで**1～2分**蒸し煮にする。

蓋をしてゴーヤに火を通して

🔥中火1～2分

7 玉ねぎ、にんじんを加えて炒め、酒をふり、塩、こしょうで調味して炒め合わせる。

酒 大さじ1
塩 小さじ½
こしょう 少々

8 3を流し入れて大きくかき混ぜ、卵に火を通す。器に盛り、削り節を散らす。

卵が全体にからんで少しかたまったらできあがり

基本のメインおかず / 炒めもの / ゴーヤチャンプル

プルコギ

たれに漬けた牛肉は焼く直前に野菜と混ぜる。

材料（2〜3人分）

牛切り落とし肉……200g
玉ねぎ……小1個
せり……½束（約50g）
しめじ……1パック
長ねぎ……10cm
にんにく……½かけ
ごま油……大さじ1

たれ
A ┌ 砂糖……大さじ½
　├ 酒……大さじ1
　├ しょうゆ……大さじ2½
　├ ごま油……大さじ1
　├ 粉唐辛子……小さじ¼〜½
　└ こしょう……少々

白いりごま……少々
粉唐辛子……少々

おいしいコツ！

フライパンに広げて焼きつけて
肉と野菜は、水分が出ないように焼く直前に合わせて。そのままフライパンに広げて焼きつけるようにして旨味を閉じ込めます。

おすすめ副菜
P.154 アボカドマヨネーズサラダ
P.167 ゆできのこの梅あえ

1人分 259kcal

基本のメインおかず／炒めもの／プルコギ

作り方 20分

下ごしらえ

1 肉

ボウルに牛肉を入れ、長ねぎ、にんにく、Aを加えてよく混ぜて10分ほど下味をつける。

砂糖 大さじ½	酒 大さじ1
しょうゆ 大さじ2½	ごま油 大さじ1
粉唐辛子 小さじ¼〜½	こしょう 少々

2 野菜

玉ねぎは縦半分に切り、繊維を断ち切るように横に1cm幅の半月切りに切る。

せりは根元を切り落とし、3cm長さに切る。

しめじは石づきを切り落とし、小房に分ける。

長ねぎはみじん切りにする。

にんにくはみじん切りにする。

本調理

3 1に玉ねぎ、しめじを加えて混ぜる。

混ぜるのは焼く食前に

4 フライパンにごま油を熱し、3を牛肉を広げるようにして入れ、中火で炒める。全体に火が通ったら、最後にせりを加え、ひと炒めして器に盛り、白いりごま、粉唐辛子をふる。

木べらで押さえつけるように焼きつける

中火

Arrange recipe

**うどんと一緒に炒めれば
ボリューム満点の一品に**

プルコギのたれに漬けた牛肉に、野菜とうどんや焼きそば麺を加えて混ぜ、フライパンに一気に入れて、菜箸で麺をほぐすように炒めます。薄切りの肉に火が通ればできあがり。野菜はせりの代わりににらなどもおいしい。

茶碗蒸し

卵とだし汁の割合で
フルフル、なめらか。

基本のメインおかず
蒸しもの

材料（2人分）

- 卵……2個
- だし汁……1½カップ
- 酒……小さじ1
- 塩……小さじ1/5
- 練りわさび……少々

おいしいコツ！
**蒸し器がなくても
できる〝地獄蒸し〟**
地獄蒸しは鍋に湯を沸かし、茶碗蒸しを並べて蒸すだけなので、蒸し器がなくても手軽に茶碗蒸しを作れます。トッピングをかえて楽しみましょう。

おすすめ副菜

P.150 豚しゃぶの和風サラダ

P.156 ひじきの煮もの

1人分 84kcal

作り方 （25分）

下ごしらえ

1 卵液を作る

ボウルにだし汁を入れて酒、塩を加える。スプーンで塩を混ぜ溶かして調味する。

| 酒 小さじ1 | 塩 小さじ1/6 |

別のボウルに卵を割ってよく溶きほぐし、調味しただし汁を少しずつ加えて混ぜる。

ボウルの上にザルを置き、卵液をこす。

冷やしてもおいしい！

トッピングアイデア

＊トッピング①＊
オクラ＋梅（2人分）

オクラ1本をゆでて冷水にとって冷まし、水けをふいて薄い輪切りにする。粗熱を取り、冷蔵庫で冷やした茶碗蒸しにオクラ、梅肉少々をのせる。

1人分 84kcal

＊トッピング②＊
トマト＋オリーブ油
（2人分）

トマト1/4個は種を取り、5mm角に切る。粗熱を取り、冷蔵庫で冷やした茶碗蒸しにトマトをのせて粗びき黒こしょう、オリーブ油各少々をふる。

1人分 103kcal

本調理

2 1の卵液を計量カップに入れ、耐熱の容器に流し入れ、表面の泡をスプーンですくい取る。

計量カップを使うと口があって注ぎやすい

3 鍋に茶碗蒸しの容器の深さ1/2まで湯を沸かし、茶碗蒸しを間隔をあけて並べる。

鍋肌にくっつかないように注意

4 鍋のふちに菜箸などを1本はさんで蓋をし、**中火で1〜2分、弱火にして12〜15分**蒸す。

菜箸をはさんで蒸気を逃がす

中火1〜2分　弱火12〜15分

5 中心に竹串を刺して透明な汁が出てきたら、蒸し上がり。茶碗蒸しを取り出してわさびをのせる。

蓋は水滴が落ちないようにそっと開けること

基本のメインおかず / 蒸しもの / 茶碗蒸し

白身魚の香り蒸し

香りの強い野菜と一緒に蒸す。

基本のメインおかず **蒸しもの**

材料（2人分）

白身魚の切り身（鯛、たらなど）
……2切れ（約200g）

下味
A ┌ 酒……大さじ½
　└ 塩……小さじ⅓

干ししいたけ……2枚
にんじん……4cm
セロリ……4cm
長ねぎ……8cm
しょうが……小½かけ
塩・こしょう……各少々
酒……大さじ1
ごま油……大さじ½
香菜……少々

おいしいコツ！

白身魚の上に
せん切りの野菜を
きれいに並べて

白身魚は酒と塩で下味をつけて香りの強い野菜をのせます。十分に蒸気が上がってから蒸さないと、生臭さが残るので注意。

おすすめ副菜

P.155 焼きれんこんのサラダ

P.162 ほうれん草のお浸し

1人分 199kcal

126

作り方 (25分)

下ごしらえ

1 野菜

干ししいたけは戻して軸を切り落とし、薄切りにする。

にんじんは皮をむいて、4cm長さのせん切りにする。

セロリは縦薄切りにして、せん切りにする。

長ねぎは縦半分に切り、4cm長さの斜めせん切りにする。

しょうがは皮をむいて薄切りにし、せん切りにする。

2 魚

鯛は皮の表面に2〜3cm幅ぐらいに浅く切り目を入れてバットに入れ、Aをまぶして**10分**ほどおき、下味をつける。

酒 大さじ½ ／ 塩 小さじ⅓

本調理

3 鯛に1の野菜を彩りよく盛り、塩、こしょう、酒、ごま油をふる。

塩 少々 ／ こしょう 少々 ／ 酒 大さじ1 ／ ごま油 大さじ½

4 3のバットを布巾を敷いた蒸籠にセットする。

布巾を敷いておくと蒸し上がったときに取り出しやすい

5 4を蒸気の上がった鍋にのせ、蓋をして**強火で15分**ほど蒸す。器に盛り、香菜をのせる。

強火で一気に蒸し上げて

強火15分

---

eiko's advice

蒸籠の使い方を覚えておきましょう

蒸籠を使うときは、水でぬらして生乾きの状態で蒸気の上がった鍋にのせるのが基本。蒸すものを入れて蓋をします。使い終わったら、洗剤は使わずに洗ってしっかり乾燥させて。

フライドチキン・フライドポテト

肉は室温に戻して低温でじっくり揚げる。

基本のメインおかず　**揚げもの**

材料（3人分）

鶏もも肉（骨つき）
　……3枚（約750g）

下味
- にんにく……⅓かけ
- しょうが汁……小さじ1
- レモン汁……小さじ1
- 白ワイン……大さじ1
- A　しょうゆ……小さじ1
- 塩……小さじ1
- こしょう……少々
- ナツメグ……少々
- カイエンペッパー……少々

小麦粉……適量
レモン……適量

フライドポテト
- じゃがいも（メークイン）……3個
- 塩……少々

揚げ油……適量

おいしいコツ！
肉は下味をつけたら室温に30分以上おく

肉に下味をもみ込んだら、そのまま30分以上おいて室温に戻します。全量を揚げ油に入れて揚げる場合、火が通りやすくなるのでおすすめ。

おすすめ副菜
- P.152 にんじんラペ
- P.154 コールスロー

1人分　496kcal

作り方 75分

下ごしらえ

1 野菜

にんにくはすりおろす。

じゃがいもはよく洗い、皮つきのまま縦4等分のくし形に切る。

水に**3〜5分**さらして水けをふく。

> 水にさらすとカラッと揚がる

2 肉の下味

ボウルにAを入れて混ぜる。

鶏肉は余分な脂を取り、皮目を下に横長に置き、関節から2つに切る。Aの入ったボウルに入れて手でもみ込み、途中上下を返すように混ぜながら、**30分〜1時間**おいて下味をつける。

本調理

2 フライパンに揚げ油を深さの1/2ぐらいまで入れて**150〜160℃**に熱する。じゃがいもを入れ、やわらかくなるまで**中火で5〜6分**ゆっくり揚げる。

150〜160℃
中火5〜6分

じゃがいもに竹串がすっと通るくらいやわらかくなったら、油の温度を**180〜190℃**に上げ、色よくカリッと揚げて取り出し、揚げ網にのせて油をきる。素揚げしたじゃがいもに塩をふり、器に盛る。

180〜190℃

4 揚げ油を**170〜180℃**に下げる。鶏肉の汁けをふいて小麦粉を薄くまぶし、**弱火で7〜8分**揚げる。

> 鶏肉が骨つきで大きいので弱火でじっくり揚げる

170〜180℃
弱火7〜8分

油の温度を**180〜190℃**に上げ、表面を色よくカリッとさせて取り出し、揚げ網にのせて油をきる。器に盛り、レモンを搾りやすく切って添える。

180〜190℃
強火

※揚げ油の温度の目安はP.29参照。

基本のメインおかず
揚げもの

とんかつ

たっぷりの揚げ油に入れたらしばらくそのまま。

材料（2人分）

豚ロース肉（とんかつ用）……2枚
塩・こしょう……各少々
小麦粉・溶き卵・パン粉……各適量
揚げ油……適量

つけ合わせ
キャベツ……3枚（約100g）
トマト……大1/2個
とんかつソース……適宜

おいしいコツ！
揚げ油に入れたら裏返すのは1回だけ
衣をつけた豚肉を揚げ油に入れたら、そのまま触らず3分ほど待ちます。そのあとは1回裏返すだけ。返しすぎるとカラッと揚がりません。

1人分 462kcal

おすすめ副菜
P.151 マカロニサラダ
P.154 アボカドマヨネーズサラダ

130

作り方 (20分)

本調理

3 豚肉に小麦粉をまぶし、溶き卵をからめる。

よく溶きほぐした卵につけて

パン粉は手で軽くおさえてつける。

肉全体につくように手でおさえて

4 フライパンに揚げ油を深さの1/2ぐらいまで入れて**170～180℃**に熱し、3を入れて**中火で3分**ほど揚げる。

170～180℃
中火3分

裏返して同様に**2分**ほど揚げて取り出し、揚げ網にのせて油をきる。食べやすく切って器に盛り、キャベツ、トマトを添え、とんかつソースをかけていただく。
※揚げ油の温度の目安はP.29参照。

中火2分

下ごしらえ

1 野菜

キャベツはせん切りにし、サラダスピナーに入れて冷水にさらす。**3～5分**おいてパリッとしたら水を捨て、サラダスピナーで水けをきる。

トマトはヘタを切り取り、4等分のくし形に切る。

2 肉

豚肉は、包丁で筋を切るように脂身の部分から4～5本切り込みを入れる。

両面に塩、こしょうをふる。

塩 少々
こしょう 少々

Arrange recipe

キャベツメンチ　1人分 360kcal　25分

＊**材料（2人分）**＊キャベツ100g　小麦粉大さじ1　合びき肉（赤身）150g　**A**（塩小さじ1/2、こしょう・ナツメグ（あれば）各少々、溶き卵1/2個分）　小麦粉適量　溶き卵1/2個分（Aの残り）　パン粉・揚げ油各適量　レタスの葉（4等分に切る）2枚

＊**作り方**＊ 1.大きめのボウルにひき肉を入れ、Aを加えて粘りが出るまでよく混ぜる。2.キャベツは3～4cm長さ、3mm幅のせん切りにしてボウルに入れ、小麦粉をまぶして混ぜる。1に加えてよく混ぜ、4等分にする。3.2を丸く形作り、小麦粉、溶き卵、パン粉の順に衣をつける。4.170～180℃に熱した揚げ油に3を入れて**中火で2分**、**弱火にして3～4分**、裏返して**4～5分**揚げる。最後に油の温度を180～190℃に上げてカリッとさせて取り出す。5.器に盛り、レタスを添える。

基本のメインおかず **揚げもの**

簡単春巻き

水分の少ない素材を巻いて揚げるだけ。

材料（6本分）

春巻きの皮……6枚
鶏ささ身……3本（約150g）
長ねぎ……1本
しょうが……1かけ

下味
A［
塩……小さじ1/3
しょうゆ……小さじ1/2
酒……大さじ1
ごま油……大さじ1
こしょう……少々
］

小麦粉のり
［
小麦粉……大さじ2
水……大さじ3
］

揚げ油……適量
練り辛子……少々

1本分 164kcal

おいしいコツ！
春巻きの皮でお好みの具を巻くだけ

一般的な春巻きの具は手間もかかるし、ベチャッとしやすいもの。水分の少ない素材なら、サクサク冷めてもおいしい一品に。

おすすめ副菜

P.154 コールスロー
P.161 にんじんのたらこ炒め

作り方 (30分)

下ごしらえ

1 野菜

長ねぎは長さを2～3等分に切り、縦半分に切って、斜めにせん切りにする。

しょうがは薄切りにしてせん切りにする。

2 肉の下味

鶏ささ身は筋を取り、長さを半分に切り、細切りにする。ボウルに入れ、Aで下味をつける。

3 小麦粉のり・春巻きの皮

・小ボウルに小麦粉と水を入れ、泡立て器で混ぜて小麦粉のりを作る。
・春巻きの皮は1枚ずつはがし、乾燥しないようにポリ袋に入れておく。

本調理

4 2に1を混ぜ合わせる。

火を通さず調味料とあえるだけで簡単

5 春巻きの皮で具を包む。

春巻きの皮を角が手前にくるように置く。4の具を1/6量ずつのせて皮のまわりにはけで小麦粉のりをぬる。

手前を向こう側に、片方を内側に折り込み、向こう側にひと巻きする。

もう片方を内側に折り込み、手前から向こう側に巻くようにして包む。乾いた布巾またはペーパータオルの上に巻き終わりを下にして置き、残りも同様に包む。

6 フライパンに揚げ油を1～2cmほど入れて**150～160℃**に熱し、春巻きを並べ入れる。**弱火で3分**ほど、裏返して**2～3分**揚げて取り出し、揚げ網にのせて油をきる。器に盛り、練り辛子を添える。
※揚げ油の温度の目安はP.29参照。

150～160℃　弱火3分→2～3分

Arrange recipe

えびとアボカドの春巻き

(30分　1本分 148kcal)

＊材料(6本分)＊ 春巻きの皮6枚　むきえび100g　アボカド(かため)小1個　レモン汁小さじ1　A(片栗粉大さじ1/2、酒大さじ1/2、塩小さじ1/4)　小麦粉のり(簡単春巻き参照)　揚げ油適量

＊作り方＊ 1.小麦粉のりと皮の準備をする(上記作り方3参照)。2.えびはあれば背わたを取り、水で洗って水けをふき、2cm幅に切る。3.アボカドは種と皮を取り除いて1cm角に切り、レモン汁をふる。4.ボウルにえび、アボカドを入れ、Aを加えて混ぜる。5.春巻きの皮を広げて4の具を1/6量ずつ横長にのせ、簡単春巻きの要領で包み込む。6.簡単春巻きと同様に揚げる。

かぼちゃとチーズの春巻き

(30分　1本分 156kcal)

＊材料(6本分)＊ 春巻きの皮6枚　かぼちゃ100g　ピザ用チーズ80g　塩・こしょう各少々　小麦粉のり(簡単春巻き参照)　揚げ油適量

＊作り方＊ 1.小麦粉のりと皮の準備をする(上記作り方3参照)。2.かぼちゃは洗って、種とわたを取り、5mm角の棒状に切る。3.ボウルにかぼちゃ、チーズを入れて塩、こしょうをふる。4.春巻きの皮を広げて3の具を1/6量ずつ横長にのせ、簡単春巻きの要領で包み込む。5.簡単春巻きと同様に揚げる。

基本のメインおかず
揚げもの

野菜の天ぷら

揚げ油に入れたら衣がかたまるまではそのままで。

材料（2人分）

- かぼちゃ……2cm幅に切ったもの（約100g）
- さつまいも……1/2本
- なす……2本
- みょうが……2個
- オクラ……4本
- れんこん……4cm
- 黒いりごま……小さじ1

天ぷら衣
- 卵……1個
- 冷水……2/3カップ（約150㎖）
- 塩……小さじ1/2
- 薄力粉……1カップ（約110g）

- 揚げ油……適量
- 天つゆ……適量
- 塩……少々

おいしいコツ！

野菜によって揚げる時間を変える

さつまいもやかぼちゃなどの野菜は、衣をつけて揚げ油に入れて3〜4分じっくり揚げる。それ以外の野菜は衣がかたまり次第上下を返して。

おすすめ副菜

P.162 ほうれん草のお浸し

P.167 うどとえびの黄身酢かけ

1人分 552kcal

134

作り方 (30分)

下ごしらえ

1 野菜

かぼちゃは種とわたを取り、皮つきのまま1cm厚さに切り、長さを半分に切る。

さつまいもは1cm厚さの斜め切りにし、水にさらして水けをふく。

なすはヘタを切り、縦4等分に切る。

みょうがは縦半分に切る。

オクラはヘタを少し切り揃えてガクをぐるりとむき、縦に1本切り込みを入れる。

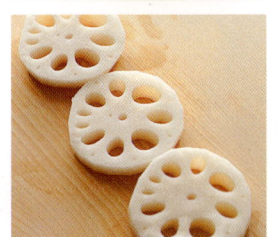

れんこんは皮をむいて1cm厚さの輪切りにして水でさっと洗い、水けをふく。

本調理

2 衣を作る。

ボウルに卵を割りほぐし、冷水、塩を加えて混ぜ、塩を溶かす。

ふるった薄力粉を加えてさっくり混ぜる。

衣の少量を別のボウルに入れ、黒いりごまを加え混ぜる。

3 フライパンに揚げ油を深さの1/2ぐらいまで入れて**170～180℃**に熱する。かぼちゃに衣をつけて揚げ油に入れ、途中裏返しながら**中火で3～4分**揚げる。竹串を刺してやわらかくなったら、油の温度を**180～190℃**に上げてカリッとさせて取り出し、揚げ網にのせて油をきる。黒ごま入りの衣にさつまいもを入れ、かぼちゃと同様に揚げる。

170～180℃ 中火3～4分 ／ 180～190℃ 強火

4 揚げ油を**170～180℃**に下げる。残りの衣にれんこん、なす、オクラ、みょうがの順に入れて衣をつけ、それぞれ**2分**ほどカリッと揚げて取り出す。器に天ぷらを盛り合わせて天つゆ、塩を添える。

※揚げ油の温度の目安はP.29参照。

170～180℃ 中火2分

基本のメインおかず
揚げもの

いわしのごぼう寄せ揚げ

揚げたてを食べたい手作りさつま揚げ。

材料（2〜4人分）

- いわし……4尾
- ごぼう……100g
- 片栗粉……大さじ1
- 白いりごま……大さじ1

下味
- しょうが……小½かけ
- A
  - 塩……小さじ⅕
  - しょうゆ……小さじ1
  - 酒……大さじ1

- 揚げ油……適量

つけ合わせ
- かぼす（半分に切る）……½個

おいしいコツ！

いわしなどの青魚の刺身を使えば手軽

本書のレシピは1尾のいわしから作っていますが、刺身で売られているいわしをたたいて作るともっと手軽。あじやさんまでもおいしくできます。

おすすめ副菜

P.163 キャベツの煮浸し

P.164 簡単白あえ

1人分 313kcal

作り方 (40分)

下ごしらえ

1 野菜

ごぼうは皮をこそげ、2～3mmの斜め薄切りにしてせん切りにする。水でさっと洗い、サラダスピナーで水けをよくきる。

しょうがは皮をむいてすりおろす。

2 魚

❶いわしは頭を切り落とし、腹の部分を斜めに切り、内臓をかき出して水でよく洗い、水けをふく。いわしの頭側の方を手前、腹を上にして持ち、中骨に沿って親指で押し開き、1枚に開く。尾の部分の骨を切り、頭に向かって中骨をはがすようにして取り、包丁で腹骨をそぎ取る。

❷いわしは皮目を上にし、頭を左にして置き、身を手で軽く押さえて頭から尾に向かって皮をはがす。

❸3～5mm幅に切り、包丁で粗くたたく。

本調理

3 ボウルに**2**のいわしを入れ、**1**のしょうが、**A**を加えて混ぜる。

> 塩 小さじ1/5
> しょうゆ 小さじ1
> 酒 大さじ1

4 別のボウルにごぼうを入れ、片栗粉をまぶして混ぜ合わせる。

> 片栗粉はつなぎの役目

5 **3**に**4**のごぼう、白いりごまを加えて混ぜる。

6 **5**を8等分にして棒状に形作る。

> 細長くなるように形を整える

7 フライパンに揚げ油を深さの1/2ぐらいまで入れて**170～180℃**に熱し、**6**を**弱火で3～4分**色よく揚げて取り出し、揚げ網にのせて油をきる。器に盛り、かぼすを添える。

※揚げ油の温度の目安はP.29参照。

コロッケ

表面を中温でカラッと揚げる。

基本のメインおかず **揚げもの**

材料（4人分）

- じゃがいも……6個（正味600g）
- 合びき肉……150g
- 玉ねぎ……½個

下味
- A ┌ 塩……小さじ½
  └ こしょう・ナツメグ……各少々

- バター……大さじ1
- 小麦粉・溶き卵・パン粉……各適量
- 揚げ油……適量

つけ合わせ
- キャベツ……200g
- にんじん……少々
- きゅうり……1本

- ウスターソース、とんかつソースなど……適量

おいしいコツ！

たねは冷やさずに、衣をつけて揚げる

たねは冷やさず、室温のまま衣をつけて揚げるとキレイに仕上がります。また、たねに火が通っているので、弱めの中火で2分ほど揚げたら引き上げて。

1人分 461kcal

おすすめ副菜
- P.151 マカロニサラダ
- P.156 ひじきの煮もの

138

作り方 (60分)

下ごしらえ

1 野菜

玉ねぎはみじん切りにする。

じゃがいもは皮をむいて縦半分に切り、さらに6等分に切る。水に**10分**ほどさらす。

キャベツはせん切りにする。

にんじんもせん切りにする。キャベツと合わせてサラダスピナーに入れ、冷水にさらしてパリッとしたらサラダスピナーで水けをきる。

きゅうりは長さを4等分に切り、縦4等分に切る。

2 じゃがいもの下ゆで

鍋にじゃがいもを入れ、ひたひたの水を加えて蓋をし、**中火**にかける。煮立ってきたら**弱火**にし、やわらかくなるまで**12～15分**ゆでる。ザルにあげてゆで汁をきり、鍋に戻し入れて**弱火**で水けを飛ばし、粗くつぶす。

🔥中火 🔥弱火12～15分

本調理

3 フライパンにバターを入れ、**中火**で熱して溶かし、玉ねぎをしんなりするまで炒める。ひき肉を加えて炒め、Aを加えて炒め合わせ、火を止める。

| ナツメグ少々 | こしょう少々 | 塩小さじ½ |  🔥中火 |

4 3に2のじゃがいもを加えて混ぜる。

> フライパンに直接じゃがいもを入れて混ぜるとラク

5 4を8等分にして小判形に形作る。

> たねは冷やさずそのままで

6 5に小麦粉、溶き卵、パン粉の順に衣をつける。

> 全体にふんわりパン粉をつけて

7 フライパンに揚げ油を深さの½ぐらいまで入れて**170～180℃**に熱し、コロッケ4個ぐらいを揚げる。途中裏返しながら、**弱めの中火で2分**ほど色よくカリッと揚げて取り出し、揚げ網にのせて油をきる。残りも同様に揚げる。器にコロッケを盛り、野菜を添え、好みのソースをかけていただく。

※揚げ油の温度の目安はP.29参照。

170～180℃
🔥弱めの中火2分

Column
豆腐料理のきほん

安くていろいろな料理に使える豆腐。冷や奴や揚げものなどに使うときの調理のコツをおさえましょう。
水きりの方法を覚えれば、豆腐料理もおいしく作れます。

水きりの種類

レシピにある水きりも、料理によって
方法が違うので水きりの基本をおぼえましょう。

そのまま自然に水きり

バットにのせ、そのまま**20分**ほどおいて自然に水きりする。湯豆腐などに。

バットをのせて自然に水きり

バットにのせ、もう1枚バットを上にのせてそのまま**20分**ほどおき、自然に水きりする。ステーキや肉巻き焼きなどに。

崩してしっかり水きり

コロッケなどに使う場合は、熱湯に豆腐を手でほぐし入れてひと煮立ちさせ、ザルにあげてゆで汁をきり、冷ます。

少し水きり

絹ごし豆腐の水きり（揚げ出し豆腐の場合）

★ 豆腐のケースのふちをハサミで切る。バットにケースごと逆さまにしてのせ、**20～30分**おいて水きりする。

★ ケースのまま水きりすることで、豆腐が重力で広がるのを防ぐ。

Column / 豆腐料理のきほん

冷や奴いろいろ

水きりなしで

冷や奴はそのまま使いたいので、バットにのせて20分ほどおいて自然に水きりをします。トッピングで冷や奴もバリエーションが広がります。

香味野菜のっけ

材料と作り方（2人分）

長ねぎ3cm、みょうが1個は縦半分に切って薄切りにし、青じそ3枚はせん切りにし、ボウルに入れて混ぜる。豆腐1丁を半分に切って器に盛り、香味野菜を盛り、しょうが（すりおろし）小さじ1/2をのせてしょうゆをかける。

1人分 114kcal

生トマトソースのっけ

材料と作り方（2人分）

トマト1/2個はヘタと種を取り、5mm角に切る。ボウルに入れてオリーブ油大さじ1、塩小さじ1/6、こしょう少々を加えて混ぜる。豆腐1丁を半分に切って器に盛り、トマトソースをのせてパルメザンチーズ小さじ2をふり、バジル少々を添える。

1人分 179kcal

ツナソースのっけ

材料と作り方（2人分）

ツナ小1/2缶（約40g）は缶汁をきり、ボウルに入れて細かくほぐす。玉ねぎのみじん切り大さじ2、赤唐辛子（種を取り、小口切り）1/2本分を加えて混ぜ、オリーブ油大さじ1、塩少々で調味する。豆腐1丁を半分に切って器に盛り、ツナソースをかける。

1人分 182kcal

衣はサクッと、中はふんわり

揚げ出し豆腐

絹ごし豆腐はケースごと逆さにして水きりしたら、ペーパータオルで水けをふくのがコツ。揚げる直前に片栗粉をまぶすとサクサクの仕上がりに。

1人分 210kcal　15分（水きりの時間を除く）

少し水きり

材料（2人分）

絹ごし豆腐……1丁（約300g）
しし唐辛子……6本
片栗粉……適量
揚げ油……適量
もみじおろし……適量
めんつゆ……適量（P.90参照）

作り方

1 豆腐は水きり（P.140 絹ごし豆腐の水きり参照）して6等分に切り、ペーパータオルで水けをふく。

2 しし唐辛子はヘタを切り揃え、包丁の切っ先で縦に1本切り込みを入れる。

3 フライパンに揚げ油を深さの1/2ぐらいまで入れて180℃くらいに熱する。揚げる直前に豆腐3切れに片栗粉をまぶして入れる。
※揚げ油の温度の目安はP.29参照。

4 裏返しながら色よく揚げて取り出し、揚げ網にのせて油をきる。残りも同様に揚げる。しし唐辛子はさっと素揚げする。

5 器に豆腐、しし唐辛子を盛り、もみじおろしをのせ、めんつゆを注ぐ。

★もみじおろしの作り方
1 大根5cmは皮をむく。赤唐辛子1本はヘタを切り、種を取って水に5分ほど浸してやわらかくする。
2 菜箸で大根に穴をあけ、その穴に菜箸の先に赤唐辛子を刺して穴に詰める。おろし金ですりおろし、軽く水けをきる。

Column 豆腐料理のきほん

作り方

1. 豆腐は熱湯に崩し入れ、ひと煮立ちさせてザルにあげ、冷めるまでおいて水けをきる。(P.140参照)

2. 玉ねぎはみじん切りにし、耐熱の器に入れてバターをのせ、ラップをふんわりとかけ、**電子レンジで30秒**ほど加熱して粗熱を取る。

3. ボウルに豆腐を入れて細かくつぶし、鶏ひき肉、玉ねぎを入れて塩、こしょうで調味し、よく混ぜ合わせて8等分にする。

4. 水でぬらした手で**3**を丸く形作り、直接パン粉を入れたバットに入れて全体につける。

5. フライパンに揚げ油を深さの½ぐらいまで入れて**170〜180℃**に熱し、**4**を裏返しながら2〜3分色よくカリッと揚げて取り出し、揚げ網にのせて油をきる。

※揚げ油の温度の目安はP.29参照。

サクサク、ふわふわの食感！

豆腐コロッケ

コロッケにするなら、豆腐は熱湯でゆでで水きりをしっかりとするのがポイント。パン粉をつけてカリッと揚げ、サクサクふわふわの食感に。

1人分 496kcal　25分
水きりの時間除く

崩してしっかり水きり

材料 （2人分）

木綿豆腐……1丁（約300g）
鶏ひき肉……100g
玉ねぎ……小½個
バター……小さじ1
塩……小さじ½
こしょう……少々
生パン粉・揚げ油
　……各適量

143

Column

安心！おいしい！
手作り調味料のススメ❷

手作りの調味料は、原材料がよくわかり、安心＆安全。
保存料が入っていない分、早めに使い切るのがコツ。
市販の調味料では味わえないおいしさを味わいましょう。

浸しじょうゆ

ほんのり甘くてだしの効いた浸しじょうゆは、
お浸しや焼き浸し、揚げ浸しなどにぴったり。

材料（作りやすい分量）

だし汁……2カップ
みりん……大さじ2〜3
しょうゆ……小さじ1
塩……小さじ½

作り方

1. 鍋にだし汁を煮立て、みりん、しょうゆ、塩で味をととのえて冷ます。

* こんな料理に *

オニオンスライスに

焼きなすに

* 保存期間 *
密閉容器に入れて冷蔵庫で2週間

ポン酢しょうゆ

水分を加えず、柑橘系の果汁としょうゆのみで作る
ポン酢は、長期間保存もOK。

* こんな料理に *

鍋料理に

サラダやあえものに

材料（作りやすい分量）

柑橘類の搾り汁
（かぼす・すだち・ゆずなど）
……½カップ
しょうゆ……½カップ

作り方

1. 柑橘類は搾る。
2. 1としょうゆを合わせる。

* 保存期間 *
密閉容器に入れて冷蔵庫で1カ月

Part 4

おぼえておきたい！
基本の サブおかず

ビタミン、ミネラルが豊富な野菜を
ふんだんに使ったサブおかず。
定番のレシピはもちろん、
サラダ、煮もの、炒めもの、小鉢など
カテゴリー別に紹介。
野菜のおいしさを引き出す作り方を学びましょう。

グリーンサラダ

手作りドレッシングで広がるバリエーション。

材料（2人分）

- レタス……1/2個（約200g）
- きゅうり……1/2本
- 玉ねぎ……小1/4個
- クレソン……4本
- フレンチドレッシング（下記参照）
  ……大さじ3～4

フレンチドレッシング（作りやすい分量）
- オリーブ油
  ……2/3カップ（約150ml）
- 白ワインビネガー
  ……1/3カップ（約70ml）
- 塩……小さじ1
- 黒こしょう……少々

おいしいコツ！

トッピングで味に変化をつけてサラダをおいしく

手作りのフレンチドレッシングがあれば、ナッツやチーズなどで味の変化がつけられます。市販のドレッシングに頼らなくても大丈夫です。

基本の副菜 サラダ

1人分 179kcal

146

基本の副菜 / グリーンサラダ

作り方 （15分）

下ごしらえ

1 野菜

レタスは芯を切り取り、4～5cm四方に切る。

きゅうりは皮が縞になるようにフォークで筋を入れ、薄い輪切りにする。

玉ねぎは繊維を断ち切るように横に薄切りにする。

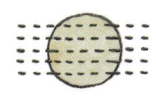

クレソンはかたい茎から葉を摘む。

2 冷水に浸す

ボウルに氷水を入れ、**1**の野菜をパリッとするまで5～10分さらし、ザルにあげる。

3 サラダスピナーで水けをきる

サラダスピナーに**2**の野菜を入れて水けをよくきる。

本調理

4 ドレッシングを作る。

❶ ボウルに塩、黒こしょう、白ワインビネガーを入れる。

❷ 泡立て器で塩を溶かすようによく混ぜる。

❸ オリーブ油を加えてよく混ぜる。

❹ 白っぽくとろりとするまでよく混ぜる。

5 器に**3**を盛り、ドレッシング適量をかける。

トッピングいろいろ

アーモンド
＊アーモンドやくるみなどのナッツ類は砕いて加えると食感のアクセントに。

チーズ
＊ピザ用チーズの他、パルメザンチーズ、カッテージチーズなどをプラスして。

パセリ（みじん切り）
＊彩りだけでなく、香りとほんの少しの苦味がサラダ全体を引き締めます。

ポテトサラダ

ゆでじゃがいもは熱いうちに下味をつける。

基本の副菜 サラダ

材料（4人分）

じゃがいも……大4個（約600g）
フレンチドレッシング
　　　……大さじ2（P.146参照）
ロースハム……4枚（約60g）
きゅうり……1本
玉ねぎ……¼個
塩……小さじ½

ソース
A ｢ マヨネーズ……大さじ4
　 生クリーム……大さじ2
　└ 塩・こしょう……各少々

1人分　298kcal

おいしいコツ！

じゃがいもはゆでたら水分を飛ばして粉ふきに

じゃがいもはゆでたあとに水分を飛ばして。熱いうちに下味をつけると味が決まります。

148

基本の副菜

ポテトサラダ

作り方 (45分)

下ごしらえ

1 野菜・ハム

じゃがいもは皮をむいて縦半分に切り、さらに6等分に切る。

きゅうりは薄い小口切りにする。

玉ねぎは根元を切り取り、縦薄切りにする。

ハムは重ね、3等分にして8mm幅に切る。

2 じゃがいもは水に**10分**ほどさらして水けをきる。

3 ボウルにきゅうり、玉ねぎを入れて塩をふり、混ぜ合わせる。しんなりするまで**10分**ほどおき、水で洗い、水けを絞る。

本調理

4 鍋にじゃがいもを入れ、ひたひたの水を加えて蓋をし、**中火**にかける。煮立ってきたら**弱火**にして、やわらかくなるまで**12〜15分**ゆでる。ザルにあげてゆで汁をきる。

🔥中火 💧弱火12〜15分

5 4の鍋にじゃがいもを戻し入れて**弱火**で鍋をゆすりながら余分な水けを飛ばす。ボウルに移し、フレンチドレッシングをまわし入れて混ぜ、冷ます。

💧弱火

6 ソースの材料を混ぜ合わせ、きゅうり、玉ねぎ、ハムとともに5に加えて味をととのえ、器に盛る。

生クリーム大さじ2	マヨネーズ大さじ4
こしょう少々	塩少々

Arrange recipe

クリーミーポテトサラダ

(40分) 1人分 220kcal

＊材料(2〜3人分)＊ じゃがいも(メークイン)大3個 フレンチドレッシング大さじ2(P.146参照) A(マヨネーズ大さじ3、生クリーム大さじ3) 粗びき黒こしょう少々 パセリのみじん切り少々

＊作り方＊ 1.じゃがいもは皮つきのまま洗い、鍋に入れてひたひたの水を加えて蓋をして**中火**にかける。煮立ってきたら**弱火**にして**30分**ほどゆで、ザルにあげてゆで汁をきる。 2.熱いうちに皮をむき、1.5cm厚さの輪切りにしてボウルに入れ、フレンチドレッシングをまわし入れて冷ます。 3.ボウルにAを混ぜ合わせてソースを作り、2のじゃがいもに加えてあえる。 4.器にじゃがいもを盛り、粗びき黒こしょう、パセリをふる。

ソーセージ入りポテトサラダ

(25分) 1人分 200kcal

＊材料(2〜3人分)＊ じゃがいも大3個 フレンチドレッシング大さじ3(P.146参照) フランクフルトソーセージ2本(約90g) 粒マスタード大さじ1

＊作り方＊ 1.じゃがいもは皮をむいて縦半分に切り、さらに4等分に切って水にさらし、水けをきる。ソーセージは1cm幅の輪切りにする。 2.じゃがいもはポテトサラダと同様にゆでる。じゃがいもがやわらかくなったら、ソーセージを加えて**1分**ほどゆで、ザルにあげてゆで汁をよくきる。 3.ボウルに移してフレンチドレッシングをまわし入れ、混ぜる。 4.3に粒マスタードを加えて混ぜ、器に盛る。

1人分 147kcal

豚しゃぶの和風サラダ

ゆで豚はそのまま広げて冷ます。

材料（2人分）
豚薄切り肉（しゃぶしゃぶ用）……80g
A [しょうがの皮・長ねぎの青い部分……各適量]
酒……大さじ1
水菜……60g
みょうが……2個
青じそ……6枚

しょうゆドレッシング
B [サラダ油・酢・しょうゆ……各大さじ1]

作り方

下ごしらえ

1. 水菜は洗って根元を切り、3〜4cm長さに切る。

2. みょうがは縦半分に切り、切り口を下にして縦薄切りにする。

3. 青じそは軸を切り、縦半分に切って横1.5cm幅に切る。

本調理

4. 鍋にAを入れ、かぶるぐらいの水を加えて中火で煮立て、酒を加えてさらに煮立てる。弱火にして豚肉を広げて入れ、色が変わったらバットなどに取り出して広げて冷まし、3cm幅に切る。

5. ボウルに1〜3の野菜を合わせ、氷水に3〜5分さらす。

6. パリッとしたらサラダスピナーに入れて水けをよくきり、ボウルに入れ、4と合わせて器に盛る。

7. 小ボウルにBを入れ、よく混ぜてしょうゆドレッシングを作り、サラダにかける。

25分

150

1人分 384kcal

マカロニサラダ

マカロニが熱いうちに下味をつけて。

材料（2人分）

マカロニ……100g
フレンチドレッシング
　……大さじ2（P.146参照）
ツナ缶……小1缶（約80g）
きゅうり……1本
玉ねぎ……小½個
トマト……中2個
塩……適量
パセリ（みじん切り）……少々
A ┌ フレンチドレッシング
　│　……大さじ2（P.146参照）
　└ 塩・こしょう……各少々

作り方

下ごしらえ

1. きゅうりは縦半分に切り、薄い斜め切りにする。玉ねぎは根元を切り取り、横半分に切り、縦薄切りにする。

2. トマトはヘタを取り、縦半分に切って3等分のくし形に切る。

3. ツナは缶汁をきり、粗くほぐす。

本調理

4. 鍋にたっぷりの湯（2ℓ・分量外）を沸かし、塩大さじ1（分量外）を入れて、マカロニを表示通りに中火でゆで、ザルにあげてゆで汁をきる。

5. ボウルに移し、フレンチドレッシングを加えて混ぜ、冷ます。

6. 別のボウルに1のきゅうりを入れ、塩小さじ½をふり混ぜて10分ほどおき、水けを絞る。玉ねぎも同様に塩小さじ¼でしんなりさせ、水で洗い、水けを絞る。

7. 5のボウルに6、2、3、パセリを加えてAで調味し、器に盛る。

30分

1人分 214kcal

基本の副菜
サラダ

にんじんラペ

かたい野菜のせん切りはスライサーにおまかせ。

材料（2人分）
にんじん……2本（約240g）
フレンチドレッシング
　……大さじ3（P.146参照）
レーズン……大さじ1
アーモンドスライス
　（ローストしたもの）……大さじ2

作り方

下ごしらえ

1. にんじんはピーラーで皮をむいて野菜スライサーでせん切りにする。

2. ボウルにレーズンを入れ、ひたひたの水を加えて15分ほど浸して戻し、水けを絞る。

本調理

3. ボウルに1、2を入れ、ドレッシングをまわし入れて混ぜる。しんなりしたら器に盛り、アーモンドスライスを散らす。

eiko's advice

たっぷり作って保存しましょう

にんじんラペのようなサラダは作りおきをしておくと重宝します。レタスなどの水の出やすい野菜以外は冷蔵庫で3〜4日は日持ちするので、まとめてたっぷり作っておきましょう。

25分

1人分 329kcal

シーザーサラダ

葉野菜は氷水にさらしてパリッとさせて。

材料（2人分）
ロメインレタス……1/2個（約200g）
玉ねぎ……小1/2個
フランスパン……8cm
パルメザンチーズ（薄切り）……20g

ソース
にんにく……1/2かけ
アンチョビ……2枚
卵黄……1個分
オリーブ油……大さじ2
生クリーム……大さじ2
塩・こしょう……各少々

粗びき黒こしょう……少々

作り方

下ごしらえ

1. ロメインレタスは根元を切り、ほぐして6〜7cm幅に切る。玉ねぎは根元を切り取り、繊維を断ち切るように横に薄切りにする。アンチョビは5mm幅に切る。

2. ボウルに氷水を張り、**1**の野菜をさらしてパリッとしたら、ザルにあげて水けをきる。サラダスピナーに入れて水けをよくきる。

3. フランスパンは4〜5mm厚さに切り、軽くトーストする。

本調理

4. ボウルの底ににんにくの切り口をぬる。

5. アンチョビ、卵黄、オリーブ油を入れてつぶすようにして混ぜる。生クリーム、塩、こしょうを加えて調味し、ソースを作る。

6. 器にロメインレタス、玉ねぎを盛り、**3**のフランスパン、パルメザンチーズを散らしてソースをかける。全体を混ぜていただく。

20分

コールスロー

せん切り野菜をドレッシングであえるだけ。

20分

材料（2〜3人分）
- キャベツ……200g
- きゅうり……1本
- ホールコーン（缶詰）……100g
- フレンチドレッシング……大さじ3（P.146参照）
- 塩・こしょう……各少々

作り方

下ごしらえ

1. キャベツはせん切りにする。きゅうりは斜め薄切りにしてせん切りにする。
2. コーンは汁けをきる。

本調理

3. ボウルに1、2を入れ、フレンチドレッシングをふって混ぜ、しんなりしたら、塩、こしょうで調味して器に盛る。

1人分 108kcal

アボカドマヨネーズサラダ

マヨネーズと生クリームのマイルド味。

20分

材料（2人分）
- アボカド……1個
- レモン汁……大さじ½
- 玉ねぎ……¼個
- スモークサーモン……30g
- ゆで卵（かたゆで・P.82参照）……1個

ソース
- A
  - マヨネーズ……大さじ3
  - 生クリーム……大さじ2
  - こしょう……少々

作り方

下ごしらえ

1. アボカドは縦に1周切り込みを入れて2つに割って種を取り、皮をむいて2〜3cm幅のいちょう切りにし、レモン汁をかける。
2. 玉ねぎはみじん切りにして布巾に包み、水にさらして水けを絞る（P.54参照）。
3. スモークサーモンは3cm幅に切り、ゆで卵は殻をむいて縦6等分のくし形に切る。

本調理

4. ボウルにAを入れて混ぜてソースを作る。1、2、3の具材を加えてあえ、器に盛る。

1人分 392kcal

焼きれんこんのサラダ

（10分）

れんこんは両面を中火でじっくり焼いて。

材料（2人分）
- れんこん……1節（約250g）
- にんにく……1かけ
- 塩……小さじ¼
- こしょう……少々
- オリーブ油……大さじ2
- パルメザンチーズ……大さじ2
- バルサミコ酢……大さじ1〜2

作り方

下ごしらえ

1. れんこんは、皮つきのまま1〜1.5cm幅の輪切りにする（6切れ作る）。水でさっと洗い、水けをふく。
2. にんにくは半分に切り、芯を取り除いて縦に薄切りにする。

本調理

3. フライパンにオリーブ油、2を入れて**弱火**で熱し、香りを立てる。1を**中火で3分**ほど焼き、裏返して同様に焼き、塩、こしょうをふる。
4. 器に盛り、パルメザンチーズをふり、バルサミコ酢をかける。

1人分 232kcal

大根とほたて缶のサラダ

（20分）

塩もみ大根の水けをしっかり絞るのがコツ。

材料（2〜3人分）
- 大根……400g
- 塩……小さじ½
- ほたて貝柱水煮缶……小½缶（3個）
- ソース
  - A ┌ マヨネーズ……大さじ2
  - 　├ マスタード……大さじ½
  - 　└ しょうゆ……少々
- 粗びき黒こしょう……少々

作り方

下ごしらえ

1. 大根は皮をむいて4cm長さに切り、縦5mm幅に切り、さらに薄切りにする。Aは混ぜておく。
2. ボウルに大根を入れて塩をふり、混ぜる。**10分**ほどおいてしんなりしたら、水で洗い、水けを絞る。ほたては細かくほぐす。

本調理

3. ボウルに2の大根、ほたてを入れ、ソースを加えてあえる。器に盛り、粗びき黒こしょうをふる。

1人分 100kcal

1人分 150kcal

基本の副菜 煮もの

ひじきの煮もの

豚肉が入った旨味たっぷり常備菜。

材料（4人分）

長ひじき（乾燥）……30g（戻して約180g）
にんじん……小1本
豚もも薄切り肉……100g
油揚げ……1枚
サラダ油……大さじ1

煮汁
- だし汁……大さじ4
- みりん……大さじ2
- しょうゆ……大さじ2

作り方

下ごしらえ

1. 長ひじきは水でさっと洗い、たっぷりの水に **20〜30分** 浸して戻す。ザルにあげて水けをきり、5〜6cm長さに切る。

2. にんじんは皮をむいて4〜5cm長さに切り、3〜4mm角の棒状に切る。

3. 豚肉は1cm幅に切る。

4. 油揚げは熱湯にさっと通して油抜きし、ザルにあげて湯をきる。冷めたら水けを絞り、縦半分に切り、横5mm幅に切る。

本調理

5. フライパンにサラダ油を **中火** で熱して豚肉を炒め、1、にんじんを加えてさらに炒める。

6. 5に油揚げを加え、だし汁を注ぐ。

7. 煮立ってきたら、みりん、しょうゆを加えて混ぜる。蓋をして **中火** で **4〜5分** 煮て、最後に蓋を取って汁けを飛ばす。

50分

切り干し大根の煮もの

厚揚げが入って食べ応え満点のおかず。

(50分)

材料（4人分）
- 切り干し大根……50g（戻して約200g）
- にんじん……½本（約80g）
- 厚揚げ……½枚
- さやいんげん……6本（約30g）
- サラダ油……大さじ1

煮汁
- 酒……大さじ2
- だし汁……1カップ
- みりん……大さじ2
- しょうゆ……大さじ2

作り方

下ごしらえ

1. 切り干し大根は水で洗い、たっぷりの水に**20分**ほど浸して戻す。ザルにあげて水けを絞り、食べやすい長さ（6～7cm）に切る。

2. にんじんは皮をむいて8mm厚さの輪切りにする。

3. 厚揚げは熱湯に入れ、ひとゆでして油抜きする。ザルにあげて冷まし、縦半分に切り、横1cm幅に切る。

4. さやいんげんはヘタを切り、3cm長さに切る。塩を入れた熱湯で**1分**ほどゆで、ザルにあげる。

本調理

5. フライパンにサラダ油を**中火**で熱し、1、2を入れて炒める。3を入れて酒をふり、だし汁を加える。煮立ってきたら、みりん、しょうゆを加えて混ぜ、蓋をして**弱火で10分**ほど煮る。さやいんげんを加えてひと煮し、器に盛る。

1人分 148kcal

かぼちゃの煮もの

水分が多めのかぼちゃは煮汁少なめで。

(20分)

材料（2～3人分）
- かぼちゃ……¼個（約500g）

煮汁
- A
  - 水……⅔カップ（約150ml）
  - 砂糖……大さじ1
  - みりん……大さじ1
  - しょうゆ……大さじ1½～2

作り方

下ごしらえ

1. かぼちゃは種とわたをスプーンで取って皮つきのまま横半分に切り、3cm幅のくし形に切る。

本調理

2. 直径20cmぐらいの鍋に1のかぼちゃを皮目を下にして入れる。

3. 2にAを加えて**中火**にかける。煮立ってきたら、蓋をして**弱火で12～15分**煮る。

1人分 184kcal

1人分 141kcal

基本の副菜
炒めもの

小松菜のにんにく炒め

青菜は強火で素早く炒めるのがコツ。

材料（2人分）

小松菜……250g
にんにく……1かけ
赤唐辛子……1本
酒……大さじ1
塩……小さじ¼
サラダ油……大さじ2

作り方

下ごしらえ

1. 小松菜は洗って、根元の太いものは縦に十文字の切り込みを入れる。たっぷりの水に根元を**10分**ほど浸し、茎の重なった部分の泥などを落とす。さっと洗い、水けをきり、長さを3〜4等分に切る。
2. にんにくは縦半分に切り、包丁のはらでつぶす。
3. 赤唐辛子は斜め半分に切り、種を取る。

本調理

4. フライパンにサラダ油、2を入れて**弱火**で熱して香りを立て、3、1を入れて**強火**でさっと炒める。
5. 酒、塩で調味し、さっと炒めて器に盛る。

おいしいコツ！

青菜を炒めるなら強火でチャチャッと！
にんにくは弱火でじっくり炒めて香りを出しますが、青菜は強火で水分を飛ばすように素早く炒めて、シャキシャキの食感に。

15分

基本の副菜

小松菜のにんにく炒め／ジャーマンポテト

1人分 489kcal

ジャーマンポテト

じゃがいもは弱火でこんがり蒸し焼きに。

材料（2人分）
- じゃがいも（メークイン）……3個
- 玉ねぎ……½個
- ベーコン（かたまり）……100g
- にんにく……2かけ
- パセリ（みじん切り）……大さじ2
- 塩……小さじ¼
- こしょう……少々
- オリーブ油……大さじ2

作り方

下ごしらえ

1. じゃがいもはよく洗い、皮つきのまま1cm厚さの輪切りにして**10分**ほどさらし、水けをふく。
2. 玉ねぎは根元を切り取り、縦8mm幅に切る。ベーコンは8mm厚さに切り、8mm幅に切る。
3. にんにくは縦半分に切り、包丁のはらでつぶす。

本調理

4. フライパンにオリーブ油、3を入れて**弱火**で香りよく炒め、1を入れて**中火**にして**1〜2分**炒める。
5. 全体に油がまわったら、**弱火**にして蓋をする。
6. 途中上下を返しながら、じゃがいもがやわらかくなるまで**弱火**で**6〜7分**蒸し焼きにする。
7. 6に2を加えてよく炒め、塩、こしょうをふり、パセリを加えてさっと炒める。

20分

1人分 164kcal

基本の副菜
炒めもの

きんぴらごぼう

細いせん切りごぼうが食べやすい。

作り方

下ごしらえ

1. ごぼうは皮をこそげ、2～3mm厚さの斜め薄切りにしてせん切りにする。水でさっと洗い、ザルにあげて水けをきる。
2. 赤唐辛子はヘタと種を取り、5mm幅の輪切りにする。

本調理

3. フライパンにごま油を入れて熱し、1を**中火**でよく炒める。しんなりしたら、赤唐辛子を加えてさっと炒め、だし汁を加える。
4. 煮立ってきたら、砂糖、みりん、しょうゆを加えて混ぜる。汁けを飛ばすように炒めながら、汁けがなくなるまで炒り煮にする。
5. 最後に白いごまをふり、器に盛る。

材料（2人分）

ごぼう……200g
赤唐辛子……1本
白いりごま……小さじ½
ごま油……大さじ1

煮汁
だし汁……⅓カップ（70mℓ）
砂糖……小さじ1
みりん……大さじ1
しょうゆ……大さじ1½

おいしいコツ！

繊維を断ち切るようにせん切りにするのがコツ

ごぼうを繊維に沿ってせん切りにすると、パリパリとした歯応えに。斜め切りにしてせん切りにすると、繊維が断ち切られてやわらかくなります。

20分

160

基本の副菜

きんぴらごぼう／にんじんのたらこ炒め

1人分 98kcal

にんじんのたらこ炒め

たっぷり作って、β-カロテン補給に。

⏱20分

材料（2〜3人分）
- にんじん……2本（約240g）
- たらこ……½腹（約60g）
- 酒……大さじ½
- しょうゆ……小さじ½
- 塩……少々
- サラダ油……大さじ1

作り方

下ごしらえ

1. にんじんは皮をむいて野菜スライサーで太めのせん切りにする。
2. たらこは薄皮に切り込みを縦に入れて中身を取り出す。

本調理

3. フライパンにサラダ油を**中火**で熱し、にんじんを1〜2分炒める。
4. にんじんが少ししんなりしたら、たらこを加えてほぐすようにして炒め合わせる。
5. 全体に油がまわったら、酒をふり、しょうゆ、塩を加えてさっと炒め合わせ、器に盛る。

eiko's advice
調味料を加えるのはたらこが全体に混ざったら

にんじんをよく炒めたあと、たらこを加えたら、かたまらないように全体に混ざるように炒めて。調味料を加えたらさっと炒める程度でOK。

1人分 29kcal

基本の副菜
小鉢

ほうれん草のお浸し

青菜のゆで方、だししょうゆを覚えましょう。

材料（2人分）
ほうれん草……200g
だししょうゆ
A [だし汁……大さじ6
しょうゆ……少々
塩……小さじ1/5]
糸かつお……少々

作り方

下ごしらえ

1. ほうれん草は洗って、根元の太いものは縦に十文字の切り込みを入れる。たっぷりの水に根元を**10分**ほど浸し、茎の重なった部分の泥などを落とす。

2. 塩を入れたっぷりの熱湯にほうれん草1/3量を根元から先に入れて**中火**でゆで、冷水にとって冷ます。残りも同様にゆでて冷まし、水けを絞る。3〜4cm長さに切り、さらに水けを絞る。

本調理

3. ボウルにAを合わせる。

4. 3に2のほうれん草を入れてあえ、器に盛り、糸かつおをのせる。

Arrange recipe

だししょうゆにオイルを足しても

だししょうゆに浸して作るお浸しですが、オイルを足してサラダ風お浸しにしてもおいしい。だししょうゆを加える前にオイルであえるのがコツ。

20分

キャベツの煮浸し

油揚げを最初に煮て旨味を出す。

15分

材料（2人分）
キャベツ……200g
油揚げ……2枚
七味唐辛子……少々

煮汁
- だし汁……1½カップ
- みりん……大さじ1
- しょうゆ……小さじ½
- 塩……小さじ⅓

作り方

下ごしらえ

1. キャベツは4～5cm四方に切る。
2. 油揚げは熱湯にさっと通して油抜きし、ザルにあげて湯をきる。冷めたら水けを絞り、縦半分に切り、横2～3cm幅に切る。

本調理

3. 鍋にだし汁を**中火**で煮立て、みりん、しょうゆ、塩を入れて調味する。油揚げを入れ、蓋をして**弱火**で**3～4分**煮る。
4. 3にキャベツを加えて混ぜ、蓋をして**2～3分**煮て、器に盛る。七味唐辛子をふる。

1人分 157kcal

きのことズッキーニの焼き浸し

焼いたら、熱いうちにポン酢だしに漬けて。

25分（冷やす時間は除く）

材料（2人分）
エリンギ……大2本
ズッキーニ……1本
ミニトマト……6個
サラダ油……大さじ2

漬け汁
A
- 手作りポン酢しょうゆ……大さじ6（P.144参照）
- だし汁……大さじ6

作り方

下ごしらえ

1. エリンギは根元のかたい部分を切り落とし、横半分に切り、縦3等分に切る。ズッキーニは1cm幅の輪切りにする。
2. ミニトマトはヘタを取り、縦半分に切る。
3. 大きめのボウルにAを合わせておく。

本調理

4. フライパンにサラダ油大さじ1を熱し、1を入れて**中火**で両面を色よく焼き、3に漬け込む。
5. フライパンをさっとふき、サラダ油大さじ1を足す。ミニトマトを入れて**強火**で両面をさっと焼き、4に漬け込む。粗熱が取れたら、冷蔵庫で冷やして器に盛る。

1人分 165kcal

1人分 165kcal

基本の副菜 小鉢

簡単白あえ

裏ごしをしなくてもぽってりなめらか。

材料（2人分）
きゅうり……1本
生しいたけ……6枚

あえ衣
- 木綿豆腐……1/2丁（約150g）
- 白すりごま……大さじ1
- マヨネーズ……大さじ1 1/2
- 塩……小さじ1/4

作り方

下ごしらえ

1. きゅうりは薄い小口切りにし、ボウルに入れて塩小さじ1/2（分量外）をふり、10分ほどおく。しんなりしたら、水で洗い、水けを絞る。

本調理

2. 豆腐は熱湯に崩し入れてひと煮立ちさせ、ザルにあげて冷めるまでおき、水けをきる。

3. 生しいたけは石づきを切り落とし、軸とかさに切り分ける。オーブントースターの天板にかさの内側を上にして並べ、まわりに軸を散らし、5分ほどしんなりするまで焼いて冷ます。かさは薄切りにして、軸は手で細かく裂く。

4. すり鉢に白すりごまを入れ、なめらかになるまですり、豆腐を加えてさらによくする。

5. 4にマヨネーズ、塩を加えてすり混ぜ、あえ衣を作る。きゅうり、焼きしいたけを加えて混ぜ、器に盛る。

30分

いんげんのごまあえ

⏱15分

市販のいりごまも一度炒るとより香ばしい。

材料（2人分）
さやいんげん……120g

あえ衣
- 白いりごま……大さじ4
- 砂糖……小さじ1
- しょうゆ……小さじ2
- だし汁……大さじ1

作り方

【下ごしらえ】

1. さやいんげんは塩を入れた熱湯で**1分**ほどゆでてザルにとり、広げて冷ます。ヘタを切り、3cm長さに切る。

2. 白いりごまを鍋に入れて**弱火**にかけ、温めるようにして炒る。

【本調理】

3. すり鉢に白いりごまを入れて半ずりにし、砂糖、しょうゆ、だし汁を加えて混ぜ、あえ衣を作る。

4. 3に1を入れてあえ、器に盛る。

1人分 132kcal

焼きなす

⏱15分

全体を黒く焼いて水に通すと、皮がむきやすい。

材料（2人分）
- なす……4本
- しょうが（すりおろし）……小さじ1
- 糸かつお……適宜
- しょうゆ……適量

作り方

【下ごしらえ】

1. なすはガクを切り揃える。

【本調理】

2. ガスコンロに焼き網をのせて**強火**で熱し、なすを間隔をあけて並べる。まわしながら全体を黒く焼き、水にさっと通し、まな板にのせて皮をむく。

3. 2は冷蔵庫に入れて冷やし、縦に数カ所切り込みを入れて長さを半分に切り、ヘタを切り落とす。

4. 器に3を盛り、糸かつお、しょうがを天盛りにし、しょうゆをかけていただく。

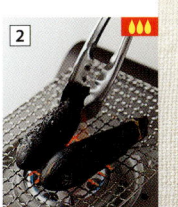

1人分 40kcal

165

1人分 23kcal

基本の副菜
小鉢

きゅうりとわかめの酢のもの

合わせ酢はまとめて作っておくと便利。

20分

材料（2〜3人分）
きゅうり……1本
わかめ（塩蔵）
　……10g（戻して約20g）
しらす干し……大さじ4
しょうが……薄切り2枚

合わせ酢
A ┌ 酢……大さじ4
　├ だし汁……大さじ2
　├ 砂糖……小さじ1〜2
　└ 塩……少々

作り方

下ごしらえ

1. わかめは水でさっと洗い、たっぷりの水に**5分**ほどさらして水けを絞り、2〜3cm長さに切る。

2. きゅうりは薄い小口切りにしてボウルに入れ塩小さじ½（分量外）をふってもむ。**10分**ほどおいてしんなりしたら、水で洗い、水けを絞る。

3. しょうがはせん切りにする。

本調理

4. ボウルにAを入れて混ぜる。

5. 4のボウルに1〜3、しらす干しを加えて混ぜ、器に盛る。

おいしいコツ！
脱水させることで合わせ酢を含みやすい

きゅうりを塩もみして脱水させ、しっかり水けを絞ります。水分が抜けたあとに、合わせ酢を加えるときゅうりにたっぷりとしみ込み、歯触りもしゃきしゃきとなります。

166

うどとえびの黄身酢かけ

黄身酢は湯煎でとろりとさせて。

25分

材料（2人分）

山うど……80g（正味50g）
むきえび……6〜8尾
わかめ（塩蔵）
　……10g（戻して約20g）

黄身酢
- 卵黄……1個分
- 砂糖……小さじ1
- 塩……小さじ1/5
- 酢……大さじ1

作り方

<下ごしらえ>

1. 山うどは3cm長さに切り、皮を厚めにむき、縦3mm厚さに切る。薄い酢水（分量外）にさらして水けをふく。

2. わかめは水で洗い、たっぷりの水に5分ほどさらして戻し、水けを絞り、3cm長さに切る。

3. えびはあれば背わたを取り、塩、酢各少々（分量外）を入れた熱湯でゆでる。冷水にとって冷まし、水けをふく。

<本調理>

4. 小さめのボウルに卵黄、砂糖、塩を入れて小さい泡立て器で混ぜる。

5. 鍋に湯を沸かして**弱火**にし、4のボウルを湯煎にかけて泡立て器で絶えず混ぜながら、とろりとするまで火を通して取り出す。

6. 5に酢を加えて混ぜ、冷ます。

7. 器にうど、わかめ、えびを盛り、黄身酢をかける。

1人分 83kcal

ゆできのこの梅あえ

きのこはゆでたらそのままザルにあげて。

15分

材料（2人分）

しめじ……1パック
えのきだけ……1袋
青じそ……3枚
梅干し……大1個分
サラダ油……大さじ1

作り方

<下ごしらえ>

1. しめじは根元を切り落として1〜2本ずつにほぐす。えのきだけは根元を切り、長さを半分に切る。

2. 青じそは軸を切り、3等分にして重ね、せん切りにする。梅干しは種を取り、包丁で細かくたたく。

<本調理>

3. 熱湯に1を入れて混ぜる。再び煮立ったら、**弱めの中火**にして**4〜5分**ゆで、ザルにあげて湯をきり、そのまま冷まして水けを絞る。

4. ボウルにたたいた梅干し、サラダ油を入れて混ぜ、3のきのこ、青じそを加えてあえ、器に盛る。

1人分 81kcal

Column
みそ汁・スープのきほん

だしの効いたみそ汁や汁もの、スープがあると食事の満足感が違います。
みそ汁、ポタージュ、ミネストローネのおいしい作り方を紹介します。

具だくさん汁もの

肉をよく炒めて旨味を出す
豚汁

豚肉と野菜をよく炒めてだし汁で煮ることで、コクと旨味を出します。

材料（4人分）

豚薄切り肉……150g	つきこんにゃく……1/2袋（約100g）
大根……1/4本	わけぎ（または万能ねぎ）……2本
にんじん……1/2本	サラダ油……大さじ1
里いも……3個	水……5カップ
ごぼう……100g	みそ……大さじ4
しめじ……1パック	

30分　1人分 214kcal

作り方

1 ❶豚肉は2cm幅に切る。大根、にんじんは皮をむいて1cm厚さぐらいのいちょう切りにする。❷里いもは皮をむいて横半分に切り、塩でもみ、水で洗ってぬめりを取る。❸ごぼうは皮をこそげ、大きめのささがきにして水に3分ほどさらして水けをきる。❹しめじは石づきを切り落とし、食べやすくほぐす。❺つきこんにゃくは食べやすい長さに切り、塩でもみ、熱湯でゆでてザルにあげる。❻わけぎは小口切りにする。

2 🔥中火　鍋にサラダ油を中火で熱し、豚肉をほぐすようにして炒める。肉の色が変わったら、わけぎ以外の野菜を入れて炒め、水を加える。

3 🔥弱火　煮立ってきたら、弱火にしてアクを取る。蓋をし、材料がやわらかくなるまで10〜15分煮る。

4 みそを溶き入れ、最後にわけぎを散らす。

みそ汁の具バリエ

みそ汁は具をおいしいだし汁で煮込んで、みそを溶き入れるだけ。じっくり煮るものと生で加えてさっと煮る具のバリエを覚えておきましょう。

じっくり煮る

じゃがいもと玉ねぎと絹さや

材料と作り方（2人分） 1人分 101kcal 15分

1 じゃがいも（1cm厚さのいちょう切り）大1個分は水に10分ほどさらし、水けをきる。絹さや4枚はヘタと筋を取り、熱湯でひとゆでしてザルにあげる。
2 鍋にだし汁2カップ、1、玉ねぎ（縦半分に切って横8mm幅に切る）小½個分を入れて中火にかける。煮立ってきたら火を弱めて蓋をし、じゃがいもがやわらかくなるまで8〜10分煮る。
3 2にみそ大さじ1½〜2を溶き入れ、器に盛る。

さっと煮る

キャベツとトマトと油揚げ

材料と作り方（2人分） 1人分 35kcal 10分

1 油揚げ½枚は熱湯にさっと通して油抜きし、縦半分に切り、横6〜8mm幅に切る。
2 鍋にだし汁2カップ、1を入れて中火にかける。煮立ってきたら、キャベツ（3cm四方）100gを加えてしんなりするまで4〜5分煮る。
3 2にみそ大さじ1½〜2を溶き入れ、トマト（2cm角）小½個分を入れてひと煮し、器に盛る。

あさりとわけぎ

材料と作り方（2人分） 1人分 46kcal 10分

1 あさり（殻つき）250gは海水程度の3％の塩水に浸して砂を吐かせ、両手で殻と殻をこすり合わせて水でよく洗い、水けをきる。
2 鍋にあさり、だし汁2カップを入れて中火にかける。煮立ってきたら、火をやや弱めてアクを取り、殻が開くまで煮てみそ大さじ1½〜2を溶き入れる。
3 わけぎ（小口切り）1本分を入れてさっと煮て、器に盛る。

豆腐とわかめと長ねぎ

材料と作り方（2人分） 1人分 74kcal 10分

1 絹ごし豆腐½丁（約150g）は1.5cm角に切る。
2 鍋にだし汁1⅔カップ（約350㎖）を中火で煮立て、1の豆腐を入れてひと煮する。戻して食べやすい大きさに切ったわかめ約20gを入れてひと煮したら、みそ大さじ1½〜2を溶き入れる。
3 最後に長ねぎ（薄い小口切り）2cm分を入れてさっと煮て、器に盛る。

とろとろクリーミーなスープ
じゃがいものポタージュ

ポタージュはとろりとなめらかなやさしい味。
煮込んだじゃがいもと玉ねぎをミキサーにかけるときは粗熱を取りましょう。
牛乳を加えたら煮立たせないこともポイント。

材料 （2人分）　1人分 229kcal　30分

じゃがいも……大2個
玉ねぎ……小½個
バター……大さじ1
｜水……1カップ
｜牛乳……1カップ
｜塩……小さじ⅓
｜こしょう……少々
パセリ（みじん切り）……少々

ピュレ状にして

作り方

1 じゃがいもは皮をむいて縦4等分に切り、1cm厚さのいちょう切りにして水に**10分**ほどさらし、水けをふく。玉ねぎは繊維を断ち切るように横に薄切りにする。

🔥中火

2 鍋にバターを**中火**で溶かし、玉ねぎを入れてしんなりするまで炒める。

🔥中火　🔥弱火

3 2にじゃがいもを加えて**1〜2分**炒め、水を加える。煮立ってきたら**弱火**にして蓋をし、じゃがいもがやわらかくなるまで**10〜20分**煮る。

4 3の粗熱が取れたら、ミキサー、またはフードプロセッサーに入れ、蓋をしてピューレ状にする（回転が悪いときは牛乳を少し加える）。

🔥弱火

5 鍋に戻し入れ、牛乳を加えて**弱火**にかける。煮立つ直前に塩、こしょうを加えてひと煮する。器に盛り、パセリを散らす。

Column みそ汁・スープのきほん

作り方

1
❶ベーコンは1.5cm四方に切る。 ❷玉ねぎ、セロリは1cm四方に切る。 ❸エリンギは根元のかたい部分を切り、1cm角に切る。 ❹トマトは1cm角に切り、キャベツは2cm四方に切る。

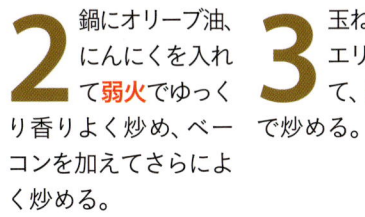

2 🔥弱火
鍋にオリーブ油、にんにくを入れて**弱火**でゆっくり香りよく炒め、ベーコンを加えてさらによく炒める。

3 🔥🔥弱中火
玉ねぎ、セロリ、エリンギを入れて、**弱めの中火**で炒める。

4 🔥弱火
白ワインをふり、水を加えて煮立ってきたら**弱火**にしてアクを取る。塩、こしょうで調味し、蓋をして**10分**ほど煮る。

5
トマト、キャベツ、パセリを加え、蓋をしてキャベツがしんなりするまで**4〜5分**煮る。器に盛り、チーズをふる。

たっぷり野菜で

野菜の旨味がじんわり！
ミネストローネ

ベーコンはじっくり炒めて旨味を出して。
白ワインを加えて風味をつけるのがコツ。

30分
1人分 322kcal

材料 （2人分）

ベーコン……4枚	白ワイン……大さじ2
玉ねぎ……½個	水……2½〜3カップ
セロリ……½本	塩……小さじ½
エリンギ……1本	こしょう……少々
トマト……小1個	パルメザンチーズ……大さじ2〜3
キャベツ……100g	
にんにく（みじん切り）……小さじ1	
パセリ（みじん切り）……大さじ2	
オリーブ油……大さじ2	

Column

あまりがちな
調味料の使い方

人気の料理を作ってみようと買ってはみたものの、使い切れずにあまってしまう調味料。
おいしく食べ切る使い方を覚えましょう。

粒マスタード

ほどよい酸味とピリッとした辛味がおいしいので、キャベツやかぶ、カリフラワー、もやしなどのホットサラダや炒めものに。ムニエルやソテーも相性がいい。

甜麺醤

こっくりとした甘味噌は、肉みそや、回鍋肉（ホイコーロー）などの野菜と豚肉の炒めものによく合います。また、マヨネーズと合わせてディップにするのもおすすめ。

豆板醤

炒めものの味つけにはもちろん、中華ドレッシングに加えたり、大根おろしと混ぜてもみじおろしの代わりにも。中華スープに加えてもおいしい。

はちみつ

はちみつは砂糖の代わりに使うのが一番。デザートはもちろん、フレッシュ野菜ジュースなどのドリンクや肉料理、魚料理のソースに加えても。

バルサミコ酢

ちょっと甘味のある食材と組み合わせるのがコツ。サラダのドレッシングやステーキのソースに使うほか、アイスクリームにかけるのもおすすめ。

オイスターソース

主に中華炒めに使用。オイスターソースはしょうゆと組み合わせて炒めものに。照り焼きのたれに加えて、かくし味などにも。

Part 5

おぼえておきたい！
ごはん・麺・パンレシピ

基本のごはんの炊き方から、
炊き込みご飯、おにぎり、チャーハンなど、
とびきりおいしいごはん料理を紹介。
パスタなどの麺料理やパン料理も
作り方をおさえておいしく作りましょう。

白ごはん

ぬかが少ない最近のお米は手早く混ぜるように洗うのがコツ。

材料（3〜4人分）

米……2合
水……2合の目盛り

基本の主食
ごはん

おいしいコツ！
**最初に注ぐ水は
すぐに捨てること**
米は乾燥しているので、水を加えると急速に吸水します。最初に注ぐ水のときは特に、ぬかが溶け出すので急いで捨てましょう。

1人分 267kcal

ごはんの炊き方

60分（浸水時間を除く）

1. 米は大きなボウルに入れ、たっぷりの水を加えて軽く2〜3回混ぜる。

2. ザルを置いて水を捨てる。

3. 少し水が残っている状態で、指を広げて立てるようにして米を洗う。水を入れて混ぜ、水を捨てる。これを2〜3回くり返す。

4. ザルにあげて**20〜30分**おく。

5. 炊飯器の内釜に米を入れ、米の分量の目盛りまでの水を注いで**30分**ほど浸す。

6. スイッチを入れて炊き始める。炊き上がったら、水でぬらしたしゃもじで底から全体を混ぜる。炊飯器によっては蒸らし時間が10分ほど必要な場合もある。

バリエーション 土鍋で炊く

＊作り方＊
1. 土鍋に洗ってザルにあげた米を入れ、水360〜430mlを加えて30分ほど浸す。
2. 蓋をして中火にかける。煮立ったら、火をやや弱めて13分ほど炊き、火を止めて10分ほど蒸らす。
3. 水でぬらしたしゃもじで全体を混ぜる。

玄米ごはん

1人分 263kcal

＊材料（4人分）＊
玄米……2合
水……2合の玄米用の目盛り
塩……小さじ¼

＊作り方＊
1. 玄米は表面のほこりを落とすようにさっと洗ってザルにあげ、水けをきる。
2. 炊飯器の内釜に玄米を入れ、水を玄米用の目盛りまで入れて**1〜2時間**浸しておく。
3. 2に玄米特有のにおいをやわらげるために塩を加えて混ぜ、蓋をして炊飯器の「玄米コース」で炊く。

雑穀ごはん

1人分 269kcal

＊材料（4人分）＊
米……2合弱　雑穀……大さじ2
水……2合の目盛り

＊作り方＊
米と雑穀を合わせて洗い、ごはんの炊き方と同様に普通に炊く。

1人分 152kcal

基本の主食
ごはん

おいしいコツ！

煮立ったらすぐに火を弱めて

煮立ったらすぐ、ふきこぼれないように火を弱めます。米の量が少なく、鍋底にこびりつきやすいため、鍋底から混ぜるのがポイント。

白がゆ

蓋を少し開けてコトコト煮るのがコツ。

材料（2人分）
米……½カップ（85g）
水……5カップ
塩……少々

作り方

1. 米は洗ってザルにあげ、水けをきる。

2. 直径20cmぐらいの深鍋に米、水、塩を入れて中火にかける。

3. 煮立ってきたら、弱火にして底から米をはがすように混ぜる。

4. 菜箸を1本はさんで蓋をし、30～40分煮る。

5. サラサラに炊き上がったら、器に盛る。

50分

中華がゆ

60分　1人分 244kcal

＊材料（2人分）＊
米……½カップ（85g）
水……5カップ
鶏ささ身……1本（約60g）
A［酒大さじ2、塩少々
ザーサイ……20g
長ねぎ……3cm
しょうが……小½かけ
しょうゆ……大さじ2
ごま油……大さじ½
香菜……適宜

＊作り方＊ 1. 米は洗ってザルにあげ、水けをきる。 2. 直径20cmぐらいの深鍋に米、水を入れて中火にかける。 3. 煮立ったら鶏ささ身、Aを入れ、再び煮立ったら火を弱めて底から米をはがすように混ぜる。 4. 鍋のふちに菜箸をはさみ、蓋をして20分ほど煮たら鶏ささ身を取り出す。再び菜箸をはさんで蓋をして途中混ぜながら、さらに20～30分煮る。 5. 鶏ささ身は粗熱が取れたら手で細かくほぐし、ザーサイはせん切りにして小ボウルに合わせる。 6. 長ねぎ、しょうがは皮をむいてせん切りにし、小ボウルに合わせてしょうゆであえる。 7. 器におかゆを盛り、ザーサイ、鶏ささ身、香菜、6の薬味じょうゆを合わせてのせ、ごま油をふる。

基本の主食

ごはん

白がゆ・中華がゆ／赤飯

1人分 321kcal

赤飯

炊飯器なら手軽に作れてモチモチ仕上げ。

作り方

1. もち米は洗ってザルにあげ、水けをきる。

2. 大納言は洗って鍋に入れ、たっぷりの水（分量外）を加えて蓋をしないで**中火**にかける。煮立ったらザルにあげてゆで汁を捨て、鍋に戻し入れて分量の水を注ぎ、**中火**にかける。煮立ってきたら**弱火**にし、蓋をして**10〜15分**かためにゆで、そのまま冷ます。

3. ザルでこして豆とゆで汁に分ける。

4. 炊飯器の内釜にもち米を入れ、ゆで汁に水（分量外）を足し、2合の赤飯の目盛りまで注ぐ。

5. 4に塩を加えて混ぜ、大納言をのせて普通に炊く。炊き上がったら、全体を混ぜて器に盛る。あれば黒いりごまをふる。

材料（3〜4人分）

もち米……2合
大納言（ささげでも）……1/3カップ
水……2カップ
塩……小さじ1/4
黒いりごま……適宜

おいしいコツ！
もち米は浸水をさせずにすぐに炊くこと

炊飯器で炊くときは、もち米を洗ったら、浸水させずにすぐに炊きます。長い時間浸水して炊くと、ベチャッとした炊き上がりに。

50分
大納言をゆでる時間を除く

鶏肉と根菜の炊き込みごはん

肉と野菜は生のまま加えて炊く。

材料（3〜4人分）

- 米……2合
- 水……2合の目盛り
- 鶏もも肉……150g

下味
- しょうが……小½かけ
- A [酒……大さじ1
-     しょうゆ……大さじ1]

- ごぼう……80g
- にんじん……60g
- さやいんげん……50g
- しめじ……1パック

合わせ調味料
- B [酒……大さじ1
-     みりん……大さじ2
-     しょうゆ……大さじ2]

1人分 411kcal

おいしいコツ！
調味料は炊く直前に加えること

調味料を早くに加えると、炊いても芯が残ってしまう原因に。調味料はお米の吸水を妨げるので、加えるなら炊く直前にしましょう。

作り方 (60分)

下ごしらえ　※浸水時間を除く

1 野菜・きのこ

ごぼうは皮をこそげて洗い、6～8mm角に切り、水でさっと洗い、水けをきる。

にんじんは皮をむいて、6～8mm角に切る。

さやいんげんはヘタを切り、1cm幅に切る。塩を入れた熱湯で**30秒**ほどゆで、ザルにあげて湯をきる。

しめじは石づきを切り落としてほぐし、半分に切る。

しょうがは皮をむいてせん切りにする。

2 肉

鶏肉は8mm～1cm角に切る。

3 米を洗う

米は洗ってザルにあげ、**30分**ほどおいて水けをきる。炊飯器の内釜に米、水を加えて**20分**ほど浸しておく。

本調理

4 ボウルに鶏肉、しょうが、Aを入れて混ぜ、**10分**ほどおいて下味をつける。

5 3にBを入れて混ぜる。

6 ごぼう、にんじん、しめじを加えて混ぜる。

7 米の上に6をのせて普通に炊く。炊き上がったら、さやいんげんを加え、水でぬらしたしゃもじで底から混ぜて器に盛る。

バリエーション

塩鮭とコーンの炊き込みごはん

1人分 342kcal　60分　※浸水時間を除く

＊材料(3～4人分)＊

- 米……2合
- 水……2合の目盛り
- A ┌ 酒……大さじ2
  　└ 塩……小さじ2/3
- 塩鮭の切り身……1切れ
- ホールコーン(缶詰)……1缶(130g)
- パセリ(みじん切り)……大さじ2

＊作り方＊

1. 米は洗ってザルにあげ、**30分**ほどおいて水けをきる。
2. 炊飯器の内釜に米、水を入れ、**20分**ほど浸しておく。
3. ホールコーンはザルにあげて水けをきる。
4. 2の米にAを加えて混ぜ、3、塩鮭をのせて普通に炊く。
5. 炊き上がったら4の鮭を取り出して骨と皮を取り、ごはんに戻し入れてパセリをふり、全体を混ぜて器に盛る。

基本の主食
ごはん

おにぎり

ごはんは100gずつ量って分けておくと作りやすい。

材料（4個分）

炊きたてのごはん……400g
梅干し……中2個
青じそ……4枚
塩鮭の切り身
　（焼いて皮と骨を取り、大きくほぐす）
　……½切れ分
焼きのり（全型）……½枚
好みの漬けもの……適宜

1人分　381kcal
※梅・鮭各1個ずつ漬けものは除く

おいしいコツ！

炊きたてごはんを少しおいてから握る

炊きたてのごはんを100gずつに分けてバットに置いて少し冷まし、手のひらを水でぬらして塩をまぶしてから握るとふっくらとしたおにぎりに。

作り方 (20分)

下ごしらえ

1 具材の下ごしらえ

青じそは4枚重ね、軸を切り取る。

焼きのりは半分に切る。梅干しは種を取る。

2 ごはん

ごはんは100gずつにバットに分ける。

握り方

3 おにぎりを握る

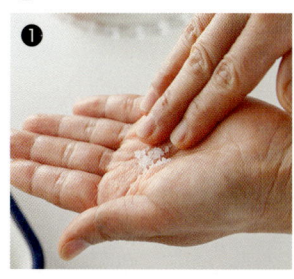

① 両手に水をつけて塩をまぶす。ごはんをとり、中心にくぼみを作る。

② (続き)

③ 梅干し(または塩鮭)をくぼみに入れ、もう一方の手で側面から具を包む。

④ 手を三角屋根のようにかぶせ、回転させながら三角形にととのえる。青じそ2枚を両面にはりつける(塩鮭には焼きのり)。器に盛り、漬けものを添える。

おにぎりアレンジ

えび天むすび
1個分 224kcal

＊材料と作り方(2個分)＊
1. むきえびの天ぷら2本を天つゆ適量につける。2. 水でぬらした手に温かいごはん100gをとり、1のむきえびの天ぷら1個をのせて三角形に握る。焼きのりを巻きつけ、七味唐辛子をふる。これを2個作る。

ツナマヨ
1個分 283kcal

＊材料と作り方(2個分)＊
1. ツナ小½缶(約40g)をきり、ボウルに入れて大きくほぐす。パセリのみじん切り少々をふり、マヨネーズ、しょうゆ、こしょう各少々を加えて混ぜる。2. 水でぬらした手に温かいごはん100gをとり、½量のツナマヨを中心にのせて太鼓形に形作り、まわりに焼きのりを巻く。これを2個作る。

ちりめんじゃことうきゅうり
1個分 176kcal

＊材料と作り方(2個分)＊
1. きゅうり½本は薄いいちょう切りにしてボウルに入れ、塩少々をふって混ぜる。5～6分おいてしんなりしたら、水で洗い、水けを絞る。2. ボウルに温かいごはん200g、ちりめんじゃこ大さじ2、きゅうりを混ぜて2等分にし、水でぬらした手で丸く握る。

青菜漬けと切りごま
1個分 198kcal

＊材料と作り方(2個分)＊
1. 青菜漬けはみじん切り(大さじ3)、白いりごま大さじ1は包丁で刻んで切りごまにする。2. ボウルに温かいごはん200gを入れて青菜漬け、ごまを加え、切るようにして混ぜる。2等分にし、水でぬらした手で三角形に握る。

1人分 361kcal

基本の主食
ごはん

ばらちらし寿司

角切りの具材を彩りよく散らして。

おいしいコツ！
おいしい酢めしの作り方をマスター
飯台がなくても大きめのボウルでOK。ごはんは炊きたてのときが一番合わせ酢が浸透しやすいので、熱いうちに加えること。

作り方

下ごしらえ

1. 米は分量の水で普通に炊く。
2. 卵焼きを作る(P.88参照)。冷まして1cm角に切る。
3. きゅうりは1cm角に切ってボウルに入れ、塩を小さじ½（分量外）ふって混ぜる。10分ほどおいて少ししんなりしたら、水でさっと洗い、水けをふく。
4. 長いもは皮をむいて1cm角に切る。青じそは軸を切り、1cm四方に切る。
5. えびはあれば背わたを取り、塩、酢各少々（分量外）を入れた熱湯でゆで、ザルにあげる。Bの甘酢につけて冷まし、1〜2cm幅に切る。
6. まぐろは1cm角に切り、もんごういかは両面に浅く斜めに細かい切り目を入れて1cm角に切る。

本調理

7. 大きめのボウルを水でぬらして軽く水けをふき、ごはんを入れる。Aを混ぜ溶かし、ふるようにして入れる。しゃもじで切るようにして混ぜ、粗熱を取ってかたく絞った布巾をかぶせる。
8. 各具材½量ほどを混ぜて器に盛る。残りの具材を散らしてわさびをのせ、好みでしょうゆを落としていただく。

材料（4〜5人分）

米……2合　水……360ml

合わせ酢
A ┌ 酢……⅓カップ（約70ml）
　├ 砂糖……大さじ½
　└ 塩……小さじ⅔

卵焼き
┌ 卵……2個
├ だし汁・砂糖……各大さじ1
├ みりん……大さじ½
└ 塩・サラダ油……各少々

きゅうり……1本
長いも……150g
青じそ……10枚
まぐろ・むきえび……各100g
もんごういか（刺し身用）……各100g

甘酢
B ┌ 酢……大さじ4
　├ 水……大さじ2
　├ 砂糖……大さじ1
　└ 塩……少々

練りわさび……適宜
しょうゆ……適宜

60分

182

基本の主食 / ごはん / ばらちらし寿司／オムライス

1人分 756kcal

おいしいコツ！

卵が半熟状になったら火を止める

慣れないうちは、卵が半熟状になったら火を止め、チキンライスを手前に置いて、奥からフライ返しを使ってかぶせるとうまくいきます。

オムライス

ふわふわ卵でチキンライスを包むテクニック。

30分

材料（2人分）

温かいごはん……250g
鶏もも肉……100g
玉ねぎ……小½個
マッシュルーム……80g
レモン汁……少々

合わせ調味料

A ┌ トマトケチャップ……大さじ3
　├ 塩……小さじ¼
　└ こしょう……少々

卵……4個

B ┌ 生クリーム……大さじ2
　└ 塩・こしょう……各少々

バター……大さじ4
トマトケチャップ・パセリ……各適量

作り方

下ごしらえ

1. 鶏肉は1cm角に切る。

2. 玉ねぎはみじん切りにする。マッシュルームは縦半分に切って、5mm幅に切り、レモン汁をふる。

本調理

3. フライパンにバター大さじ2を溶かして**中火**で1を炒める。色が変わったら2を加えてしんなりするまで炒め、Aで調味して炒め合わせる。

4. 3にごはんを加えて炒め合わせ、塩、こしょう各少々（分量外）で調味する。

5. ボウルに卵を割り入れてよく溶きほぐし、Bで調味する。直径20cmのフライパンにバター大さじ1を入れて、**中火**で熱して溶かし、卵液半量を流し入れてかき混ぜ、半熟状になったら火を止める。4のチキンライス½量を中心より手前に置く。

6. 向こう側からかぶせるようにして包み込み、**中火**にかけて形作る。

7. 器をフライパンにかぶせるようにしてのせ、裏返して器に移し、ペーパータオルをかぶせて手で形作る。残りも同様に作り、トマトケチャップをかけ、パセリを添える。

基本の主食
ごはん

チャーハン

木べらで押さえながら炒めてパラパラに。

材料（2人分）

- 温かいごはん……350g
- 焼き豚……80g
- 長ねぎ……8cm
- 卵……1個
- 酒……大さじ½
- 塩……小さじ¼
- こしょう……少々
- サラダ油……大さじ2

1人分 519kcal

おいしいコツ！

ごはんを焼きつけるように炒めること

中華鍋ではなくフライパンで作る場合は、木べらでごはんを軽く押さえて焼きつけます。上下を返して同様にし、木べらで切るように炒めるとパラパラの仕上がりに。

作り方 (15分)

下ごしらえ

1 野菜

長ねぎは5mm角ぐらいの粗みじんに切る。

2 焼き豚

焼き豚は3〜4mm厚さに切り、1cm四方に切る。

3 卵

ボウルに卵を割り入れてよく溶きほぐす。

本調理

4 フライパンにサラダ油小さじ1を中火で熱し、卵液を入れて大きくかき混ぜて半熟状の炒り卵を作り、取り出す。

🔥中火

5 フライパンにサラダ油大さじ1⅔を足し、焼き豚、長ねぎを入れて中火で炒める。

🔥中火

6 5にごはん、炒り卵を加え、木べらでおさえるようにして焼きつけ、上下を返して同様にし、ほぐしながら中火で炒める。

7 酒をフライパンの縁からふり、塩、こしょうで調味し、強火で水けを飛ばすようにして炒め合わせ、器に盛る。

🔥中火 🔥強火

Arrange recipe

高菜チャーハン　　1人分 462kcal　15分

＊**材料(2人分)**＊ 温かいごはん350g 高菜漬け80g 長ねぎ10cm 赤唐辛子1本 ちりめんじゃこ大さじ4 切りごま(白)大さじ½ 酒大さじ1 しょうゆ小さじ½ 塩・こしょう各少々 サラダ油大さじ2

＊**作り方**＊ **1**.高菜漬けは1cm四方に切る。長ねぎは粗みじんに切る。赤唐辛子はヘタと種を取って5mm幅の輪切りにする。**2**.フライパンにサラダ油を中火で熱し、1の高菜漬け、長ねぎ、ちりめんじゃこを入れて炒める。**3**.2に温かいごはんを加え、木べらで押さえるようにして、ほぐしながら炒める。酒をふり、しょうゆ、塩、こしょう、赤唐辛子を入れ、強火で水けを飛ばすようにして炒め合わせる。切りごまをふり、器に盛る。

基本の主食　ごはん

1人分　723kcal

1人分　789kcal

牛丼

調味料を加えたら弱火でじっくり煮含めて。

25分

材料（2人分）
牛切り落とし肉……150g
しめじ……1パック
玉ねぎ……小1個
しょうが……小1かけ
サラダ油……大さじ1
煮汁
A ┃ 酒……大さじ2
　 ┃ しょうゆ・水……各大さじ3
　 ┃ みりん……大さじ2　砂糖……大さじ1
温かいごはん……400g
紅しょうが……適宜

作り方

下ごしらえ

1. しめじは石づきを切り落として食べやすくほぐす。玉ねぎは縦半分に切り、根元を切り取り、縦8mm幅に切る。しょうがは皮をむいて薄切りにし、せん切りにする。
2. 牛肉は大きければ4〜5cm長さに切る。

本調理

3. フライパンにサラダ油を中火で熱し、2を入れてほぐすようにして炒める。肉の色が変わったら、1を加えて炒め、少ししんなりしたら、酒をふる。
4. 3にAを加え、煮立ってきたら、蓋をして弱火で10分ほど煮る。
5. 器に温かいごはんを盛り、4を煮汁ごとかけて、好みで紅しょうがをのせる。

変わり親子丼

こんがりチキンソテーをとろとろ卵と一緒に。

20分

材料（2人分）
卵……3個
鶏もも肉……1枚（約250g）
塩・こしょう……各少々
ブロッコリー……大2房
玉ねぎ……小1/2個　サラダ油……小さじ1
煮汁
A ┃ だし汁……1/3カップ（約70㎖）
　 ┃ 酒・みりん・砂糖……各大さじ1
　 ┃ しょうゆ……小さじ1　塩……2g
温かいごはん……400g

作り方

下ごしらえ

1. 鶏肉は皮目を下にして横長に置き、筋を切るように浅く切り目を入れ、半分に切り、両面に軽く塩、こしょうをふる。
2. ブロッコリーは縦4等分に切る。玉ねぎは繊維を断ち切るように横に1cm幅に切り、楊枝を刺す。

本調理

3. フライパンにサラダ油を熱し、1を皮目を下にして入れ中火で2〜3分色よく焼く。裏返して、2を入れて同様に焼き、火を弱めて5分ほど焼いて取り出す。
4. 3のチキンソテーは食べやすく切る。
5. 同じフライパンにだし汁を中火で煮立て、Aを加えて調味する。
6. ボウルに卵を割り入れてよく溶きほぐし、5にまわし入れてとろりと半熟状になるまで弱火で1〜2分煮る。
7. 器にごはんを盛り、6の卵とじをのせ、チキンソテー、ブロッコリー、楊枝をはずした玉ねぎをのせる。

基本の主食

ごはん

変わり親子丼 ／ 牛丼 ／ 鶏そぼろ丼 ／ まぐろとキムチの韓国風のっけ丼

1人分 426kcal

1人分 780kcal

まぐろとキムチの韓国風のっけ丼

15分

切ってあえるだけの薬味がおいしい！

材料（2人分）
- まぐろ（赤身）……120g
- 白菜キムチ……80g
- せり……30g
- 長ねぎ……6cm
- たれ
  - A ┌ ごま油……大さじ1
  -   └ しょうゆ……大さじ1
- 温かいごはん……2杯分
- 白いりごま……小さじ1

作り方

下ごしらえ

1. まぐろは1.5cm角に切る。白菜キムチは1.5cm四方に切る。せりは2cm長さに切る。長ねぎは縦半分に切り、3～4mm幅の斜め切りにする。

本調理

2. ボウルにAを入れて混ぜ、まぐろを加えてからめる。
3. 2に白菜キムチを入れてあえ、せり、長ねぎを加えて混ぜ合わせる。
4. 器に温かいごはんを盛り、3をのせ、白いりごまをふる。

鶏そぼろ丼

30分

鶏そぼろと炒り卵をまとめて作りおきもおすすめ。

材料（2人分）
- 鶏ひき肉……200g
- 合わせ調味料
  - A ┌ しょうゆ・水……各大さじ3
  -   │ 酒・みりん……各大さじ2
  -   │ 砂糖……大さじ1½
  -   └ しょうが（すりおろし）……小さじ1
- 卵……3個
- 合わせ調味料
  - B ┌ 酒・みりん……各大さじ1
  -   │ 砂糖……大さじ1
  -   └ 塩……少々
- 絹さや……12枚
- 合わせ調味料
  - C ┌ みりん……小さじ1
  -   └ しょうゆ……小さじ⅕
- 温かいごはん……400g

作り方

下ごしらえ

1. 絹さやはヘタと筋を取り、塩少々（分量外）を入れた熱湯でゆでて取り出す。
2. ボウルにC、1を入れてからめる。粗熱が取れたら、端からせん切りにする。

本調理

3. 鍋にひき肉、Aを加えて混ぜる。
4. 3の鍋を中火にかけ、菜箸3～4本で絶えずかき混ぜる。ひき肉の色が変わって、パラパラになったら、蓋をして弱火で8分ほど煮る。
5. 別の鍋に卵を割り入れてよく溶きほぐし、Bを加えて混ぜ、弱火にかける。菜箸3～4本で細かくかき混ぜ、ホロホロの炒り卵を作る。
6. 器に温かいごはんを盛り、4の鶏そぼろを汁ごとのせ、5の炒り卵、2をのせる。

187

1人分 780kcal

基本の主食 麺

スパゲッティ・ミートソース

フライパンで作る濃厚ミートソース

60分

材料（2人分）

スパゲッティ……200g

ミートソース
- 合びき肉……200g
- 玉ねぎ……1個
- にんにく……1かけ
- セロリ……小½本
- にんじん……小½本
- 生しいたけ……4枚
- トマト水煮缶（ホール）……1缶（400g）
- 白ワイン……⅓カップ（約70㎖）
- ローリエ……1枚
- 塩……小さじ⅔
- こしょう・ナツメグ……各少々
- オリーブ油……大さじ1

パルメザンチーズ……適宜

作り方

下ごしらえ

1. 玉ねぎ、にんにく、セロリ、にんじん、生しいたけはみじん切りにする。

本調理

2. ミートソースを作る。ボウルにトマト水煮缶を入れて手でつぶす。

3. フライパンにオリーブ油を**中火**で熱する。玉ねぎ、にんにくを入れて少し色づくまでよく炒める。合びき肉を入れてほぐすようにして炒め、ポロポロになるまで香りよく炒める。

4. セロリ、にんじん、生しいたけを加えてしんなりするまで炒める。白ワインをふり、アルコール分を飛ばす。

5. 2のトマトを加えて混ぜ、煮立ったらローリエ、塩、こしょう、ナツメグを加えて混ぜる。蓋をして**弱火**で途中底を混ぜながら**30〜40分**煮る。

6. 鍋にたっぷりの湯（2ℓ・分量外）を沸かし、塩大さじ1（分量外）を入れて、スパゲッティを袋の表示通りにゆで、ザルにあげる。湯をきって器に盛り、5をかけ、パルメザンチーズをふる。

基本の主食 / 麺

スパゲッティ・ミートソース ／ えびとブロッコリーのペペロンチーノ

1人分 624kcal

えびとブロッコリーのペペロンチーノ

ブロッコリーはスパゲッティと一緒にゆでること。

材料（2人分）

スパゲッティ……200g
ブロッコリー……150g
むきえび……100g
にんにく……大1かけ
赤唐辛子……1〜2本
塩・こしょう……各少々
オリーブ油……大さじ3

作り方

下ごしらえ

1. ブロッコリーは小房に切り分け、縦4等分に切る。

2. えびはあれば背わたを取り、1〜2cm幅に切る。

3. にんにくは薄切りにする。赤唐辛子はヘタと種を取り、5mm幅の輪切りにする。

本調理

4. フライパンにオリーブ油、にんにくを入れて弱火で香りよくカリカリに炒める。

5. えび、赤唐辛子を入れて中火で炒める。

6. 鍋にたっぷりの湯（2ℓ・分量外）を沸かし、塩大さじ1（分量外）を入れてスパゲッティを袋の表示通りにゆで始める。ゆで上がる1分前にブロッコリーを加えて一緒にゆで、ザルにあげて湯をきる。

7. ゆでたてのスパゲッティとブロッコリーを5に加えて炒め合わせ、塩、こしょうで味をととのえ、器に盛る。

20分

1人分 942kcal

カルボナーラ

フライパンの中でソースをあえるだけ！

材料（2人分）

スパゲッティ……200g
ベーコン（かたまり）……100g
オリーブ油……大さじ2

ソース

A
- 卵黄……2個分
- 生クリーム……大さじ4
- パルメザンチーズ……大さじ3
- 塩・こしょう……各少々

粗びき黒こしょう……少々

作り方

下ごしらえ

1. ベーコンは6mm厚さに切り、6mm幅の棒状に切る。

本調理

2. ボウルにAを入れて混ぜる。

3. フライパンにオリーブ油、ベーコンを入れ、**弱火**で香りよくカリカリになるぐらいまで炒める。

4. 鍋にたっぷりの湯（2ℓ・分量外）を沸かし、塩大さじ1（分量外）を入れてスパゲッティを袋の表示通りにゆで、ザルにあげる。3にゆでたてのスパゲッティを入れてざっと**中火**で炒めて火を止める。

5. 2のソースを加えて手早くからめる。器に盛り、粗びき黒こしょうをふる。

おいしいコツ！

ソースを加えるときは火を止める

ゆでたパスタを炒めたら、必ず火を止めてから、ソースを加えてあえるのがコツ。火をつけたままだとソースに入れた卵がかたまるので注意して。

15分

スパゲッティ・ナポリタン

スパゲッティを炒めたあと、調味料を加えて。

1人分 645kcal

材料（2人分）
- スパゲッティ……160g
- ウインナソーセージ……5本
- 玉ねぎ……小½個
- エリンギ……大1本
- ピーマン……2個
- 赤ピーマン……1個
- なす……2本

合わせ調味料
- A
  - トマトケチャップ……大さじ3
  - 塩……小さじ½
  - こしょう……少々
- オリーブ油……大さじ2〜3

作り方（20分）

下ごしらえ

1.
   - ウインナソーセージは1cm幅の斜め切りにする。
   - 玉ねぎは根元を切り取り、縦1cm幅に切る。
   - エリンギはあれば石づきを切り落とし、長さを半分に切って縦半分に切り、切り口を下にして縦6mm幅に切る。
   - ピーマン、赤ピーマンは縦半分に切り、ヘタと種を取って横1cm幅に切る。
   - なすはヘタを切り落とし、縦半分に切って斜め切りにする。

本調理

2. フライパンにオリーブ油を**中火**で熱し、なす、玉ねぎ、エリンギを炒める。少ししんなりしたら、ウインナソーセージ、ピーマン、赤ピーマンを入れて炒める。
3. 鍋にたっぷりの湯（2ℓ・分量外）を沸かし、塩大さじ1（分量外）を入れて、スパゲッティを袋の表示通りにゆで、ザルにあげる。
4. 2のフライパンにスパゲッティを加えて**中火**で炒め合わせ、Aを加えてさらに炒めて味をなじませ、器に盛る。

スパゲッティ・ボンゴレ

あさりの蒸し汁も一緒に加えて旨味たっぷり。

1人分 584kcal

材料（2人分）
- スパゲッティ……200g
- あさり（殻つき）……500g
- にんにく……1かけ
- 赤唐辛子……1本
- パセリ（みじん切り）……大さじ1
- 白ワイン……大さじ1
- 塩・こしょう……各少々
- オリーブ油……大さじ3

作り方（20分）

下ごしらえ

1. あさりは海水程度の3%の塩水に浸して砂を吐かせ、両手で殻と殻をこすり合わせて水でよく洗い、水けをきる。
2. にんにくは薄切りにする。赤唐辛子は斜め半分に切り、種を取る。

本調理

3. フライパンにあさりを入れて白ワインをふり、**中火**にかける。蓋をして**弱めの中火**にし、殻が開くまで蒸し煮にし、蒸し汁ごと取り出しておく。
4. 鍋にたっぷりの湯（2ℓ・分量外）を沸かし、塩大さじ1（分量外）を入れて、スパゲッティを袋の表示通りにゆで、ザルにあげる。
5. フライパンにオリーブ油、にんにくを入れて**弱火**で香りよく炒める。赤唐辛子、蒸し汁ごとのあさり、パセリ、スパゲッティを入れて**中火**で炒め合わせ、塩、こしょうで調味して器に盛る。

1人分 719kcal

基本の主食 麺

焼きそば

炒めたキャベツともやしは最後に戻し入れるのがコツ。

20分

材料（2人分）
中華蒸し麺……2玉
豚バラ薄切り肉……100g
生しいたけ……3枚
玉ねぎ……½個
ピーマン……1個　にんじん……3cm
キャベツ……150g　もやし……125g
酒……大さじ1
ウスターソース……大さじ2
塩・粗びき黒こしょう……各適量
サラダ油……大さじ1½

作り方

下ごしらえ

1. 豚肉は2cm幅に切る。生しいたけは軸を切り、5mm幅に切る。
2. 玉ねぎは根元を切り取り、縦6mm幅に切る。
3. ピーマンは縦半分に切り、ヘタと種を取り、8mm幅の斜め切りにする。
4. にんじんは縦8mm幅に切り、端から薄切りにする（短冊切り）。
5. キャベツは2cm幅に切る。
6. もやしはできればひげ根を取り、水で洗ってサラダスピナーで水けをきる。

本調理

7. フライパンにサラダ油大さじ1を熱し、キャベツ、もやしを入れて**強火**で炒める。少ししんなりしたら、塩小さじ¼、こしょう少々で調味して取り出す。
8. 同じフライパンに油大さじ½を**中火**で熱し、豚肉を入れてほぐすようにして炒める。
9. 生しいたけ、にんじん、ピーマン、玉ねぎを加えて炒め、しんなりしたら麺を加えて**中火**で炒め合わせる。酒をふり、ウスターソース、塩小さじ½、こしょう少々で調味して炒め合わせる。
10. 7の野菜を戻し入れて炒め合わせ、器に盛る。

192

とろろそば

そばはたっぷりの熱湯でゆでて冷水でしめる。

材料（2人分）
- そば（乾麺）……160g
- やまといも……150g
- だし汁……大さじ3
- オクラ……6本
- わけぎ……1本
- 練りわさび……少々
- （または七味唐辛子）
- 刻みのり……少々
- うずらの卵……2個

そばつゆ
- だし汁……1カップ
- みりん……大さじ3
- しょうゆ……大さじ3

作り方　20分

下ごしらえ

1. やまといもは皮をむいてすりおろし、だし汁を加えて溶きのばす。
2. オクラは塩（分量外）をまぶして熱湯に入れる。ひとゆでしたら冷水にとって冷まし、水けをふき、薄い輪切りにする。
3. わけぎは小口切りにする。

本調理

4. そばつゆを作る。鍋にだし汁を**中火**で煮立て、みりん、しょうゆを加える。再び煮立ってきたら、**火を弱めて2分**ほど煮て、冷ます。
5. たっぷりの熱湯にそばを入れて混ぜ、袋の表示通りにゆでる。ザルにあげて冷水にとり、流水で洗いながら冷やし、水けをきる。
6. 器にそばを盛り、1～3とおろしわさび、うずらの卵をのせ、刻みのりを散らす。4のそばつゆをかけていただく。

1人分　429kcal

木の葉うどん

うどんはゆでたら一度洗うとシコシコした食感に。

材料（2人分）
- うどん（乾麺）……150g
- 焼きかまぼこ……40g
- 生しいたけ……2枚
- 卵……3個
- 三つ葉……適量

めんつゆ
- だし汁……3カップ
- 酒……大さじ1
- みりん……大さじ1
- しょうゆ……小さじ1
- 塩……小さじ1

作り方　15分

下ごしらえ

1. かまぼこは5mm厚さに切る。生しいたけは薄切り、三つ葉は3cm長さに切る。

本調理

2. 鍋にだし汁を**中火**で煮立て、酒、みりん、しょうゆ、塩を加えてつゆを作る。つゆは1カップぐらい取り分けておく。
3. うどんは袋の表示通りにゆで、ザルにあげて水でさっと洗う。水けをきり、2の鍋に入れて**1～2分**煮て、器に盛る。
4. 鍋に、取り分けておいたつゆ、かまぼこ、しいたけを入れてひと煮する。割り入れてよく溶きほぐした卵をまわし入れて半熟状になったら、三つ葉を散らしてうどんにかける。

1人分　439kcal

1人分 666kcal

基本の主食
パン

ミックスサンドイッチ

具材をはさんだら重石をのせて落ち着かせて。

30分

材料（2人分）

食パン（サンドイッチ用）……8枚

スプレッド
- バター……大さじ4〜5
- マスタード……大さじ2

ハムサンド
A
- ロースハム……4枚　トマト……1個
- レタスの葉……大1枚

卵サンド
- きゅうり……1本

卵サラダ
B
- ゆで卵（かたゆで・P.82参照）……2個
- 玉ねぎ（みじん切り）……大さじ1
- パセリ（みじん切り）……大さじ2
- マヨネーズ……大さじ2
- 塩・こしょう……各少々

作り方

下ごしらえ

1. 卵サンドのきゅうりは長さを半分に切り、野菜スライサーで縦薄切りにする。ハムサンドのレタスはちぎる。

2. ハムサンドのトマトは5mm厚さの輪切りにする。

3. 卵サンドのゆで卵は殻をむいてみじん切りにする。

本調理

4. バターは室温に戻してクリーム状にする。

5. 卵サンドの卵サラダを作る。ボウルにゆで卵、玉ねぎ、パセリを入れて混ぜ、マヨネーズ、塩、こしょうで調味する。

6. 2のトマトをペーパータオルの上に並べて水けをふく。1のきゅうりも同様に水けをふく。

7. 食パンの片面にバター、マスタードをぬる。A、Bそれぞれ具を½量ずつのせてもう1枚食パンをかぶせる。同様にもう1セット作る。

8. 手で軽く押さえてラップで包み、軽く重石をのせ、5分ほどおいて落ち着かせる。

9. サンドイッチの耳を切り落とし、食べやすい大きさに切って器に盛る。

194

基本の主食 / パン / ミックスサンドイッチ／かつサンド

1人分 885kcal

かつサンド

揚げたてのとんかつをトーストではさんで。

材料（2人分）
食パン（8枚切り）……4枚

スプレッド
- バター……大さじ3
- 練り辛子……大さじ1

豚ロース肉（とんかつ用）……2枚
塩・こしょう……各少々
キャベツ……150g
小麦粉・溶き卵・パン粉……各適量
揚げ油……適量
とんかつソース……適量

作り方

下ごしらえ

1. キャベツはせん切りにする。
2. 豚肉は筋を切り、両面に塩、こしょうをふる。

本調理

3. 豚肉に衣をつけ揚げる。（P.130参照）
4. 食パンは軽くトーストして熱いうちに片面にバターをぬり、2枚に練り辛子をぬる。
5. 食パンにキャベツを敷き、とんかつをのせ、ソースをかける。
6. 残りのパンをかぶせ、軽く手で押さえるなどして安定させる。2つに切り、器に盛る。

おいしいコツ！

水けと油をよくきること

キャベツはしっかりと水けをきり、とんかつは余分な油をよくきること。トーストで具材をはさんだら、上から手で押さえるなどして落ち着かせて。

30分

1人分 427kcal

基本の主食
パン

フレンチトースト

しっとり、ふんわりとした焼き上がり。

作り方

本調理

1. ボウルに卵を割り入れてよく溶きほぐし、砂糖、牛乳を加えて混ぜる。
2. バットにフランスパンを入れて1の卵液を流し入れる。
3. 途中上下を返しながら、1〜2時間浸し、食パンが卵液を吸収するまでおく。
4. フライパンにバター1/2量を入れ、中火で熱して溶かし、3を4〜5分色よく焼く。裏返して残りのバターを加えて同様に焼く。器にフレンチトーストを盛り、粉砂糖をふる。

材料（2人分）

フランスパン
（4cm幅の斜め切り）……4枚

卵液
- 卵……2個
- 牛乳……1 1/2カップ
- 砂糖……大さじ1/2

バター……大さじ3
粉砂糖……少々

おいしいコツ！

卵液に1〜2時間つける

フランスパンは卵液に1〜2時間しっかりとつけておくのが理想的。フライパンで焼くときは、中火で片面ずつじっくり焼きます。

20分
卵液につける時間除く

196

基本の主食 / パン / フレンチトースト / ガーリックトースト

1人分 203kcal

ガーリックトースト

カリカリのスティック状が食べやすい！

材料（2人分）

フランスパン……16cm
にんにく……½かけ
パセリ（みじん切り）……大さじ2
オリーブ油……適量

作り方

下ごしらえ

1. フランスパンは縦半分に切り、縦3等分に切る。**オーブントースターに入れて2〜3分**表面が乾くまで焼く。

本調理

2. フランスパンの表面ににんにくの切り口をこすりつける。

3. オリーブ油をはけでぬる。

4. パセリをまぶし、**オーブントースターに入れて2分**ほど香りよく焼く。

おいしいコツ！

オリーブ油をぬるのははけを使って

フランスパンは一度トーストして、熱いうちににんにくの切り口をこすりつけて香りを移します。オリーブ油ははけを使うと均一にぬれます。

10分

野菜をおいしく食べる！目利き＆保存法　緑黄色野菜

小松菜

目利き　葉は肉厚で緑色が濃く、根元がピンとしているもの

葉はイキイキとして肉厚で緑色が濃く鮮やかなもの。根元が太く全体的にハリがありピンとしているものが新鮮。

保存　ぬらした新聞紙に包み、ポリ袋に入れて保存

ぬらした新聞紙に包んでポリ袋に入れ、冷蔵庫の野菜室に立てて保存。3〜4日保存可能。または、かために塩ゆでして水けを絞り、ラップに包んで冷凍。

くさりかけ　葉先がカール＆変色

葉先が丸まって黄色く変色したら、鮮度が落ちている証拠。葉の部分は取り除いて炒めものやスープに。

かぼちゃ

目利き　ずっしりと重く、ヘタが枯れているもの

ずっしりとした重みがあり、皮がかたく、ヘタが枯れているものが完熟。カットされているものなら、果肉の色が濃く、種に厚みのあるものがよい。

保存　種とわたを取り除き、ラップをぴっちりとかける

丸ごと保存する場合は風通しのよい冷暗所に置くと1〜2カ月。カットしたものは種とわたをスプーンで取り除き、ラップをぴっちりとかけて冷蔵庫の野菜室で4〜5日保存可能。

くさりかけ　皮は黄色く、果肉部分は黒く変色してくる

傷んだ部分を切り落とせば調理可能。

アスパラガス

目利き　穂先がかたく、締まっているもの

緑が濃く、太くてまっすぐに伸び、穂先がキレイにかたく締まっているものが新鮮。

保存　ぬらした新聞紙に包み、ポリ袋に入れる

乾燥しやすいのでぬらした新聞紙に包み、ポリ袋に入れて冷蔵庫の野菜室に保存。穂先を上にして立てておくと長持ちする。2〜3日保存可能。

くさりかけ　しわがよってきたら

全体にしわがよってきたら、鮮度が落ちている証拠。炒めものやスープなど火をしっかり通して使う。

春菊

目利き　葉の緑色が濃く、香りが強いもの

葉の緑色が濃く、ツヤよくみずみずしいもの。根元の方まで葉がついていて、香りの強いものが良品。切り口を見てみずみずしいものがよい。

保存　水で洗ったまま新聞紙に包む

葉が細かい野菜は水につけてさっと洗い、新聞紙に包んでポリ袋に入れ、冷蔵庫の野菜室に立てて保存。2〜3日保存可能。

くさりかけ　葉が黄色っぽくなる

葉が黄色っぽくなったら、くさりかけ。黄色い部分を取り除いて煮ものや鍋料理に。

絹さや＆さやいんげん

目利き　さやの先がピンとして、豆の形が目立たないもの

緑が鮮やかでハリがあり、さやの先がピンとしているもの。豆の形が目立つものは熟しすぎているので避ける。

保存　ポリ袋に入れて冷蔵庫の野菜室へ

風や乾燥に弱いため、ポリ袋に入れて冷蔵庫の野菜室で1週間ほど保存可能。すぐ食べない場合はかたゆでにしてから冷凍保存。

くさりかけ　しみや黒ずみが出てきたら

時間が経つとしみや黒ずみが出てくるが、しおれていなければ食べてもOK。炒めものやスープの具に。

枝豆

目利き　ふっくら、うぶ毛が生えているもの

さやの色が鮮やかな緑色で、豆がふっくらとしていて大きさが揃っているもの。うぶ毛が生えていて、毛羽立ちがいいもの。枝つきの方が鮮度はよい。

保存　塩ゆでして冷凍保存

収穫後も呼吸をするので、袋に詰めてしまうと蒸れて傷みやすい。新聞紙に包んでおけば1〜2日長持ちするが、塩ゆでしてから冷凍した方が長期保存も可能。

くさりかけ　さやの色が茶色く変色したら

枝豆はさやの色が茶色くなったら、くさりかけというよりは熟成しているサイン。普通にゆでて食べる。

せり

目利き　茎から葉の先までまっすぐなもの

茎から葉の先までまっすぐに伸び、みずみずしくてシャキッとしているもの。茎は太いとかたいので、細いものがよい。緑色が濃く香りが強いものが新鮮。

保存　ぬらした新聞紙に包んでポリ袋に入れる

乾燥させないようにぬらした新聞紙に包み、ポリ袋に入れて冷蔵庫の野菜室に立てて保存。2〜3日保存可能。

くさりかけ　葉が黄色っぽくなったら

香りが弱く、葉が黄色っぽくなったら。葉を取り除き、茎部分だけを刻んで使う。

ゴーヤ

目利き　イボが密集して、かたくてツヤがあるもの

全体にイボ（突起物）が密集していて、ツヤがあり、かたくて重みがあるもの。緑色が濃い方が味がよい、または苦いとされている。

保存　種とわたを取り除き、ラップをぴっちりとかける

種とわたをスプーンで取り除き、ラップをぴっちりとかけて冷蔵庫の野菜室で1週間ほど保存可能。または、薄切りにしてかために塩ゆでもしくは、軽く炒めてから冷凍。

くさりかけ　やわらかく変色したもの

やわらかいと鮮度が落ちている。黄色く変色したものは佃煮などに。

オクラ

目利き　うぶ毛がびっしりと生え、角がピンとしてかたいもの

全体が鮮やかな緑色で、うぶ毛がびっしりと生え、角がピンとしてかたいものは新鮮な証拠。ガクにトゲが生えているか、切り口が変色していないもの。

保存　ポリ袋に入れて冷蔵庫の野菜室で保存

冷気を嫌うのでポリ袋に入れて冷蔵庫の野菜室で3〜4日保存可能。塩をこすりつけてうぶ毛を落とし、サッとかためにゆでて水けをきり、ラップに包んで冷凍保存もおすすめ。

くさりかけ　黒い筋が入っているものは時間が経っている

食べるには問題ないので、そのまま塩ゆでをして使う。

※冷凍保存の場合は1カ月のくらいの目安で使いきる。　※カットした野菜は保存期間が短くなる。

野菜をおいしく食べるために、知っておきたい目利き＆保存法。傷みかけの野菜を見分ける方法を紹介します。

野菜をおいしく食べる！目利き＆保存法　緑黄色野菜

ブロッコリー

目利き つぼみが密に詰まっているもの

緑色が濃く、つぼみが密に詰まっていてかたく引き締まっているもの。葉や茎はピンとしていて切り口がみずみずしいものが新鮮。

保存 ポリ袋に入れて保存

3～4日であれば、ポリ袋に入れて冷蔵庫の野菜室に立てておく。長めに保存するのであれば、小房に分けて、かためにゆでて冷凍。

くさりかけ 上の部分が黄色くなったら

上の部分が黄色いのは、花が咲き始めている状態。くさってはいないが、栄養が落ちているので早めに食べきる。

にら

目利き 色ツヤがよく、ピンとしているもの

葉が肉厚で緑色が濃くツヤがあり、ピンとしていて香りが強いもの。

保存 ぬらした新聞紙に包んでポリ袋に入れる

乾燥しやすいため、ぬらした新聞紙に包んで、ポリ袋に入れて冷蔵庫の野菜室に立てて保存。3～4日保存可能。長いようなら、使いやすいように切って冷凍すれば、そのまま料理に使える。

くさりかけ 葉がちぎれてドロドロになったら

にらがくさりかけると、葉がちぎれやすくなり、悪臭がする。その場合は処分する。

チンゲン菜

目利き 葉は幅広く肉厚なもの

葉は緑色が濃く、幅が広くて肉厚。根元はふくらんでいて肉厚なもの。全体的に色ツヤがきれいでハリがあるものを選ぶとよい。

保存 茎を下にして立てて保存

ぬらした新聞紙に包んでポリ袋に入れ、茎を下にして冷蔵庫の野菜室に立てて保存。4～5日保存可能。

くさりかけ 茎の部分がやわらかくなったら

葉が黄色くなり、茎の下の方がやわらかくなったら傷んでいる証拠。その部分を取り除けば食べられる。

ほうれん草

目利き 緑色が濃く、葉が肉厚なもの

葉の色が濃く、みずみずしくてツヤがあり、葉先がピンとしているもの。茎は弾力性がありシャキッとしているもの。

保存 ぬらした新聞紙で包んでポリ袋に入れる

葉先が乾燥しないように、ぬらした新聞紙で全体を包んでポリ袋に入れ、冷蔵庫の野菜室に立てて保存。3～4日保存可能。ゆでたあと切り分け、ラップに包んで冷凍保存してもいい。

くさりかけ 黄色く変色して枯れてきたら

葉はしおれて、黄色く変色してきたら、くさりかけ。その部分を取り除いて加熱調理を。

にんじん

目利き 色が濃く、ツヤとなめらかさがあるもの

全体的にオレンジ色が鮮やかで濃く、ツヤがあり、表面がなめらかなもの。葉の根元が小さいものは甘味が強い。

保存 風通しのよい場所で常温保存

水けや湿気に弱く傷みやすいので、風通しのよい場所に常温で保存。乾いた新聞紙に包んで冷暗所に置いておくのも効果的。使いかけはラップに包んで冷蔵庫の野菜室で1週間ほど保存可能。

くさりかけ 部分的に変色し、しわしわになったら

部分的に変色しているぐらいなら、その部分を切り落とせば食べられる。しわしわになったら捨てる。

トマト

目利き ヘタの色が濃く、ピンとしているもの

ヘタは緑色が濃く、ピンとしているものが新鮮。全体に丸みがあり、皮にツヤとハリがあり、かたくて重みのあるもの。

保存 ヘタを下にして保存する

ヘタを下にして重ならないようにポリ袋に入れ、冷蔵庫の野菜室で1週間ほど保存可能。またはザク切りにしたり、トマトソースを作って冷凍。

くさりかけ やわらかく、しわがよる

皮がかたくなったら、湯むきして使用する。完熟のものはトマトソースにして冷凍保存がおすすめ。

モロヘイヤ

目利き 緑色が濃く、シャキッとしてるもの

緑色が濃く、葉にシャキッとハリがあり、みずみずしいもの。葉や茎にやわらかな弾力があり、切り口が新鮮なもの。

保存 ぬらした新聞紙に包んでポリ袋に入れる

乾燥に弱いので、ぬらした新聞紙に包んでポリ袋に入れ、冷蔵庫の野菜室で2～3日保存可能。もしくはゆでずに一口大に切り、冷凍。

くさりかけ 葉がしなびてきたら

葉がしなびて、根元の茎の切り口が茶色くなってきたら鮮度が落ちている証拠。葉の色が変色する前に食べる。

ピーマン・パプリカ

目利き 色鮮やかでツヤとハリがあり、肉厚なもの

色鮮やかで皮にツヤとハリがあり、肉厚でみずみずしく弾力があるもの。ヘタがピンとしていて切り口が茶色くなっていないものが新鮮。

保存 水けをふいてポリ袋に入れて保存

ピーマンは水けに弱いので、よく水けをふいてポリ袋に入れ、冷蔵庫の野菜室で1週間ほど保存可能。使いかけのものは種とわたを取り除いてから保存する。

くさりかけ 緑色のものが黄色や赤に変色したら

これはくさっているわけではなく、追熟しているので食べられる。甘味が増しておいしい。

菜の花

目利き つぼみが締まっていて花が咲いていないもの

濃い緑色で茎や葉がピンとして、つぼみがかたく締まっていて花が咲いていないもの。葉や茎はやわらかく切り口がみずみずしいものが新鮮。

保存 ぬらした新聞紙に包んでポリ袋に入れる

ぬらした新聞紙に包んでポリ袋に入れ、冷蔵庫の野菜室に立てて保存。2～3日保存可能。ゆでて塩漬けにしたり、ラップに包んで冷凍もできる。

くさりかけ 花が開いてきたら

花が咲いて軸の部分に縦のしわが入っていたらNG。花が咲いても、全体的にしなびていなければ食べられる。

199

野菜をおいしく食べる！目利き＆保存法　淡色野菜・その他

セロリ

目利き 葉はイキイキ、茎は肉厚で筋がはっきりしているもの

葉が緑色が鮮やかでみずみずしいものが新鮮。茎は白い方がやわらかく甘味があり、肉厚で筋がはっきりしているものが良品。

保存 葉と茎を分ける

葉と茎を切り分けてそれぞれラップで包むか、ぬらした新聞紙に包んでポリ袋に入れ、冷蔵庫の野菜室で1週間ほど保存可能。しんなりしてきたら、冷水につけるとシャキッとする。

くさりかけ 葉が黄色くなったら

葉が黄色くなったら古くなった証拠。乾燥して茎にスが入ることも。刻んで炒めものやスープに。

きゅうり

目利き 色ツヤがよく、トゲがあり太さが均一

表面に触ると痛いくらいのトゲがたくさんついているものが新鮮。緑色が濃く、ツヤとハリがあり、曲がっていても太さが均一でかたいものがよい。

保存 ぬらした新聞紙に包んでポリ袋に入れる

乾燥と低温を嫌うので、ぬらした新聞紙に包んでポリ袋に入れ、冷蔵庫の野菜室でヘタを上にして立てて保存すると1週間ほどもつ。

くさりかけ 中身が白くなったら

中身が白くなったり、やわらかくなっていたら水分が多く傷みやすいので、捨てるのが無難。

かぶ

目利き 白くてハリとツヤがあり、ひげ根が少ないもの

葉の緑が鮮やかでシャキッとしているもの。根は全体に白くツヤとハリがあり、傷やひげ根が少なく重量感のあるもの。

保存 葉と根を切り分けて保存

葉に水分をとられるので葉と根は切り分けて保存。根の部分はポリ袋に入れて4～5日、葉はぬらした新聞紙に包んでポリ袋に入れ、冷蔵庫の野菜室に立てて保存。2～3日保存可能。

くさりかけ スが入っていたら

スが入ったり、しわしわになってきたら食べてもおいしくないので、処分する。

大根

目利き ハリとツヤがあり、ひげ根が少ないもの

葉は緑が鮮やかで、根は白く、ハリとツヤがあり、ひげ根が少ないもの。重みがあれば、さらにいい。

保存 つけ根から切って保存

葉つきのものは水分や栄養分が葉にとられるので、つけ根から切り分ける。別々に乾いた新聞紙で包んで、冷蔵庫の野菜室に立てて保存。10日ほど保存可能。

くさりかけ しおれてきたら

しおれた大根は水分がぬけた証拠。皮を厚めにむいて煮ものに。もっとしんなりしたら大根おろしに。

ごぼう

目利き 泥つきでまっすぐなもの

太さが均一でまっすぐ伸び、ひげ根が少なく、ひび割れがないもの。泥がついている方が鮮度が落ちにくいのでおすすめ。

保存 新聞紙に包む

泥つきは乾いた新聞紙に包んで冷暗所で2週間ほど保存。洗ったごぼうは2～3等分に切ってぬらした新聞紙で包み、ポリ袋に入れて冷蔵庫の野菜室で1週間ほど保存可能。

くさりかけ 切り口が変色していたら

切ってみるとピンクや茶色っぽく変色していたらくさりかけ。においに異常がなければ食べられる。

カリフラワー

目利き 斑点やしみがなく、つぼみが詰まっているもの

全体的につぼみが密に詰まっていて、斑点やしみがないもの。こんもりとした形でしっかり重みがあるもの。茎が色鮮やかで切り口がみずみずしいものは新鮮。

保存 ポリ袋に入れて保存

ラップかポリ袋に包んで冷蔵庫の野菜室で3～4日保存。乾燥が気になる場合はぬらした新聞紙で包んでから保存するのがよい。

くさりかけ 茶色く変色したり、黒い斑点がある

つぼみにうぶ毛が生えているものは成長しすぎ。茶色く変色したり、黒い斑点がある部分は切り取ってから使う。

玉ねぎ

目利き 皮が乾燥していてツヤがあるもの

皮が乾燥していてずっしりと重いもの。かたく、しっかりとしてツヤがあり、全体の色が均一なものが良質。なるべく芽が出ていないものを選んで。

保存 ネットやかごに入れて常温保存

皮つきの場合はネットやかごに入れ、日のあたらない風通しのよい場所で1～2カ月。カットした場合は切り口が乾燥しないようにラップをぴっちりかける。冷蔵庫の野菜室で1週間ほど保存可能。

くさりかけ ブヨブヨしたら

玉ねぎの上の方がやわらかくブヨブヨしてきたら、表面をむいて中身を使う。

ズッキーニ

目利き 形はスラリと細身で緑色が鮮やかなもの

全体のフォルムはスラリとしていて、太すぎないものが良質。大きさはほどよく小さめがおすすめ。色は鮮やかな緑のものを選んで。

保存 乾燥を嫌うのでラップに包んで保存

乾燥しやすく、水分が抜けやすいのでラップや新聞紙で包んで冷蔵庫の野菜室で立てて保存。4～5日保存可能。冷凍するなら、輪切りなどにしてかためにゆでてからがおすすめ。

くさりかけ 切り口がヌルヌルしている

冷やしすぎると傷みやすい。切ってみて切り口がヌルヌルしているのは鮮度が落ちた証拠。炒めものなど加熱調理に使えば問題なく食べられる。

キャベツ

目利き 外葉の緑色が濃く、ずっしりと重みがあるもの

外葉の緑色が濃く、ハリとツヤがあるもの。春キャベツは巻きがやわらかく、冬キャベツは葉がしっかりと巻かれていてずっしりと重みがあるものが良質。

保存 芯をくりぬいてから保存

丸ごと保存する場合は芯を包丁でくりぬき、ぬらしたペーパータオルを詰めてポリ袋に入れ、冷蔵庫の野菜室で保存すると2～3週間もつ。

くさりかけ 切り口が茶色く変色したら

切り口が茶色く変色したら鮮度が落ちている証拠。茶色い部分だけを切り取って使うのがおすすめ。

200

野菜をおいしく食べる！目利き&保存法 — 淡色野菜・その他

里いも
- **目利き** 皮がしっとりしていて、しま模様があるもの
  ひび割れがなく、皮がしっとりとしているもの。また、皮のしま模様がはっきりと見え、かたいものを選ぶとよい。乾燥を嫌うので泥つきがおすすめ。
- **保存** 新聞紙に包み、常温で保存
  寒さと乾燥が苦手なため、泥つきのまま新聞紙で包んで、風通しのよい場所で1カ月ほど常温保存。
- **くさりかけ** 赤い筋が出てきたら
  少し赤い筋が出ているぐらいは食べられるが、ブヨブヨになって茶色くなったら捨てる。

もやし
- **目利き** 白くて太いもの
  茎が白くて太く、ピンとしていて豆が開きすぎていないものが新鮮。
- **保存** ポリ袋に入れて保存
  ポリ袋に入れて冷蔵庫の野菜室で2日ほど保存可能。または水につけて冷蔵庫で保存してもよいが、鮮度が落ちるのが早いので翌日には使いきるのがおすすめ。
- **くさりかけ** 水分が出てにおいが酸っぱい
  もやしは傷むのが早いので、酸っぱいにおいがしたら捨てどき。変色したものも避けるのが無難。

とうもろこし
- **目利き** 粒がふっくらして先まで詰まっているもの
  外の皮が鮮やかな緑色で茶色いひげが多く、実が先までびっしりと詰まっていて、粒がふっくらしてツヤのあるもの。切り口が白いものは新鮮。
- **保存** ゆでてから冷凍
  収穫後すぐに味も栄養も落ちてしまうので、その日中に食べない場合はかためにゆでてから実をはずし、ジッパーつきのポリ袋に入れて冷凍保存がおすすめ。食べるときは加熱調理を。
- **くさりかけ** 粘りが出る
  ゆでたあとにちょっと粘りが出たときは、くさりかけ。2～3日以内なら加熱して食べる。

じゃがいも
- **目利き** 表面がなめらかでかたさがあるもの
  表面がなめらかでしわや傷が少なく、ふっくらとして重みとかたさがあるものが良品。春に出回る新じゃがいもは小さめで丸みがあり、皮が薄いのが特徴。
- **保存** りんごと一緒に保存
  暖かいと発芽しやすいので新聞紙に包んで風通しのよい冷暗所に保存。りんごから出るエチレンガスがじゃがいもの発芽を抑える働きをするため、一緒に保存しておくと数カ月もつ。
- **くさりかけ** 芽が出て、しわが多いもの
  時間が経つと芽が出てしわしわに。水が出て不快なにおいがしなければ、芽を取り除いて皮をむけば食べられる。

レタス
- **目利き** 葉の色ツヤがよく、持ったときに軽いもの
  葉の緑色が鮮やかで色ツヤがよく、芯の切り口が小さく、持ったときに軽くて弾力があるものが新鮮。重いものは育ちすぎて葉がかたく苦味がある。
- **保存** 芯をくりぬいて保存
  芯は栄養や水分をとるので、丸ごと保存する場合は芯をくりぬき、ぬらしたペーパータオルを詰め、ぬらした新聞紙に包んでポリ袋に入れ、冷蔵庫の野菜室で1週間ほど保存可能。
- **くさりかけ** 芯が真っ赤になったら
  芯が真っ赤になってぬるぬるしていたら生食はNG。キレイなところだけを使ってスープや炒めものに。

なす
- **目利き** ハリと色ツヤがよく、ヘタのトゲが鋭いもの
  ヘタの切り口が白くトゲが鋭いものが新鮮。皮の紫色が濃く、ハリと色ツヤがよくふっくらとしているものを選ぶとよい。
- **保存** 乾いた新聞紙またはラップに包んで保存
  風や冷気に弱いのでラップに包むか、乾いた新聞紙に包んでポリ袋に入れ、冷蔵庫の野菜室で1週間ほど保存可能。
- **くさりかけ** 切ると中に黒い斑点がある
  切ると中に黒い斑点があるものは食べられるが、あまりおいしくないので捨てる。

きのこ
- **目利き** ふっくら、弾力やハリがあるもの
  肉厚でかさが開いていないもの。ふっくらして弾力やハリ、かたさがあるものは水分を適度に含んでいるので新鮮な証拠。
- **保存** 洗わないで保存
  ポリ袋などに入れて冷蔵庫の野菜室で1週間ほど保存。鮮度が落ちやすいので、できれば根元は切らない方がよい。または、小分けして冷凍用ポリ袋に入れ、冷凍保存。
- **くさりかけ** しおれていて、水分が出る
  水分が出てしおれているものは鮮度が落ちた証拠。ツンとした酸っぱいにおいがしたら捨てること。

さつまいも
- **目利き** 色鮮やかで、斑点がないもの
  皮の色が鮮やかでツヤがあり、表面に傷や斑点がなく、なめらかで重みがあるものを選ぶとよい。
- **保存** 常温で保存
  寒さと湿気に弱いため、冷蔵庫には入れずに新聞紙に包んで常温で1～2カ月保存可能。
- **くさりかけ** やわらかくなってきたら
  やわらかくなって軽く感じたら、くさりかけ。切ってみて問題ないところだけを使う。

白菜
- **目利き** 巻きがしっかりしてずっしり重いもの
  葉がちぢれていて巻きがしっかりして、根元の切り口が白いものは新鮮。ずっしりと重いもの。カットタイプは葉がすき間なく詰まっているもの。
- **保存** 新聞紙に包んで冷暗所に立てて保存
  乾いた新聞紙に包み、冷暗所に立てて保存。1カ月ほど保存可能。ぬれると傷みやすいので、新聞紙が湿ってきたら取り替える。
- **くさりかけ** 茶色に変色し、汁が出たら
  くさった部分は茶色く変色したのち、汁が出てくる。その部分を切り取って、加熱調理して食べる。

よくわかる！調理用語事典

ささがき
ごぼうなど細長い材料を笹の葉のように薄く、細長く切る方法。皮をこそげた材料をまわしながら鉛筆を削るように切る。

さらす
野菜のアクや辛味をとり、変色を防ぐため、野菜を切ったあとにたっぷりの水や酢水に浸すこと。また、野菜を水に浸してパリッとさせること。

ザルにあげる
材料をゆでたり、水にさらしたあとに、ザルに移して水けをきること。

塩もみ
水分の多い材料に塩をもみ込み、浸透圧の力で水分を出して、しんなりさせてから手でもむこと。下ごしらえのひとつで味をなじませやすくし、あえものや酢のものによく使われる。

下味をつける
調理をする前に材料に調味料をふったり、もみ込んだりしておくこと。薄く味がつくのはもちろん、材料の臭みをとったり、やわらかくする効果もある。

下ごしらえ
調理する前準備として材料にさまざまな加工や処理をすること。洗う、皮をむく、切る、下ゆで、アクを抜く、乾物を戻す、下味をつける、など。

下ゆで
下ごしらえのひとつで、かたくて火の通りにくいものやアクの強いものをゆでたり、材料の色を鮮やかにするためにゆでたり、調理の前にあらかじめゆでておくこと。

室温にもどす
冷蔵庫などに入れて冷えた材料を室温において、常温にすること。バターをクリーム状に練るとき、卵を泡立てるとき、肉を焼いたときの温度差を少なくさせるために室温に戻すのがおすすめ。

石づきを取る
きのこ類の根元の部分でかたいところを包丁で切り落とし、取り除くこと。

炒める
フライパンや中華鍋に少量の油を熱し、混ぜたり、揺れ動かしたりして材料を短時間で加熱する調理法。

炒り煮
材料と調味料をともに鍋に入れて加熱する方法。絶えずかき混ぜながら水分を飛ばすのがポイント。

炒る
ごまなど水分の少ない材料を、油を使わずにフライパンや鍋に入れて加熱し、香りや焦げ色をつけること。

落とし蓋
煮ものを作るときに材料の上に直接のせる蓋のこと。煮崩れを防いだり、煮汁を全体にまわりやすくさせ、味をしみ込ませる。鍋の直径よりひと回り小さいものを選び、木製のものは材料がつかないように使う前に一度水にぬらす。紙蓋（オーブン用シート）はやわらかい材料に使う。

形作る
ハンバーグなどの肉だねやオムライス、おにぎりなど、手を使って小判形や三角形などに形を整えること。

切り目を入れる
包丁などで材料に切り目を入れること。火の通りが早くなったり、味がしみ込みやすくなる。「切り込みを入れる」「包丁目を入れる」ともいう。

こそげる
ごぼうなどを使うときに、皮をむかずに包丁の背でこするように取ること。皮にも風味や香りがあるので、損なわないため。

小房に分ける
しめじやブロッコリーなど、房が集まっている材料の根元を切り落として食べやすい大きさに分けること。

あえる
酢のものやあえもの、サラダを作るときに、合わせ調味料（あえ衣）をからませること。あえ衣にはごま、くるみ、ピーナッツ、豆腐、みそなど粘りがあるのが特徴で、食べる直前にあえるのがコツ。

アクを取る
材料を煮立てたときに出てくる泡状のもの（アク）をすくい取ること。アクは材料に含まれている苦味やえぐみ、渋味、褐変色素などのことをいい、水にさらす、ゆでるなどして取り除く。

揚げる
たっぷりの高温の油で材料を加熱する調理法のこと。材料によって加熱温度は異なるが、範囲は140～200℃。高温短時間で調理ができるため、材料の持つ旨味や栄養素が落ちにくい。

油がまわる
材料を炒めるときに、材料のすみずみに油が行き渡り、全体に油がからまってツヤが出ること。

油抜き
油揚げ、厚揚げなどを熱湯でさっとゆでたり、熱湯をまわしかけたりして、余分な油などを取り除くことをいう。油臭さが取れて、味のしみ込みがよくなる。

油をきる
材料を揚げたあと、材料や衣についている余分な油を落としてカラッとさせること。バットに金網やペーパータオルなどを敷き、揚げた材料を縁に立てかけるようにして置くと、油がよくきれて油っこくなりにくい。

粗熱を取る
加熱調理したあと、手で触れるくらいまで調理器具ごと冷ますこと。または平らな器などに移したり、調理器具ごと冷水につけて冷ます方法もある。

合わせ調味料
複数の調味料や材料を合わせたもの。調理をする前に、あらかじめ調味料や材料を合わせておくと、スムーズに調理がすすむ。

202

よくわかる！調理用語事典

水けを飛ばす
中火や強火で余分な水分を蒸発させてなくすこと。「汁けを飛ばす」も同じ意味。野菜炒めの野菜、ポテトサラダのじゃがいも、チャーハンなど、水けを飛ばすことで料理がさらにおいしくなる。

蒸し焼き
フライパンや鍋で材料を焼いたあとに、水や酒、ワインなどの水分を加え、蓋をして蒸しながら焼くこと。

蒸らす
蓋をした状態で加熱調理してから火を止め、調理器具内に残った余熱や蒸気で高温状態を保ち、一定時間おくこと。ごはんを炊くときの最後の過程で用いる方法。

面取り
大根やいもなど、煮ものの煮崩れを防ぐために切り口を取って丸みをつけること。やわらかく煮えても煮崩れしにくくなる。

焼き色をつける
材料をフライパンや焼き網で焼いたときに、料理に合った焼き色になるまで表面を焼くこと。料理の見た目がよくなり、香ばしくなる。

焼く
材料に焼き色をつけて加熱する調理法。材料を串に刺したり、網の上に置いて直火で焼いたり、フライパンや鉄板、オーブンなど使って間接的に焼く方法がある。

湯むき
材料をさっと熱湯に通したり、熱湯をかけたりして冷水にとり、薄皮をむくこと。トマトのように皮が薄いものは包丁よりキレイにむける。

余分な粉をはたく
材料に小麦粉や片栗粉をまぶしたときに、表面についた以外の余計な粉をはたき落とし、粉を均一につけること。材料の水分を吸収してしまうので、調理する直前に粉をつけること。また粉をつけることで、衣やたれがからまりやすくなる。

煮立てる
水やだし汁を沸騰させること。鍋に水やだし汁を入れて強火または中火にかけ、表面に泡が立つくらい沸騰させ、それから火加減を調節する。「煮立たせる」も同じ。

煮詰める
水けを飛ばしながら時間をかけて煮る方法。煮汁の多い煮もののときに多く用いられ、焦がさないように気をつけること。

煮る
材料を煮汁の中で加熱すること。材料をやわらかくしながら味をしみ込ませる調理法。

針しょうが
しょうがを針のように極細に切ったもの。水にさらすと、シャキッとなり辛みもぬける。煮ものや酢のものに添えることが多い。

ひと煮
煮立った煮汁に材料を入れ、材料が温まるくらい中火でさっと煮ること。

ひと煮立ち
煮立った煮汁に材料や調味料を入れ、再び中火で沸騰させること。または沸騰後ほんの少しだけ煮ること。

ひとゆでする
沸騰した湯の中に材料を入れ、強火や中火で1〜2分下ゆですること。

水きり
豆腐や水にさらした野菜など、調理に不要な水分を取り除くこと。ザルにあげて自然にきったり、ゆでたり、重しをしたり、電子レンジで加熱する方法がある。サラダスピナーを使うと野菜の水きりが早くてラクチン。「水をきる」も同じ意味。

水けを絞る
ゆでたり、塩もみした野菜や水につけて戻した乾物などの余分な水分を手で絞って取り除くこと。味をしみ込ませるためによく絞ることが大切だが、力の入れすぎに注意。

素揚げ
材料に衣をつけないでそのまま揚げること。材料の色や形、旨味や栄養素が生かされる揚げ方。

筋切り
肉の脂身と赤身の境目にある筋に包丁の刃先でつき刺すように数カ所切り込みを入れ、筋を切ること。火が均一に通り、加熱したときに縮みにくくなる。

背わた
えびの背にある黒い筋状のもの。砂などを含んでいる場合があるので、取り除いてから調理する。竹串を使って抜き出したり、包丁で背を開いて取り除く方法がある。

調味する
調味料を加えて味つけをする、味を調整すること。料理の最後は、必ず味見をして味を調整することが大切。

ダマ
小麦粉などの粉類が液体によく溶けずに、つぶ状になって残っているもの。

天盛り
日本料理で酢のものやあえもの、煮ものなどを盛りつけたときに、さらに上に盛るもののこと。天盛りを添えることで、まだこの料理には誰も手をつけていないという意味になる。

とろみをつける
あんかけのあん、煮汁やスープなど、水溶き片栗粉を加えてとろりとさせること。とろみをつけることで材料にからみやすくしたり、料理が冷めにくくなる。片栗粉に対して同量から倍量の水で溶く。使う直前によくかき混ぜ、煮立ったところに加えて一気にかき混ぜる。

煮込む
材料が浸るくらいの煮汁で時間をかけてじっくり煮ること。弱火で長時間煮ることがポイント。カレーやシチューが代表的な料理。

INDEX

まぐろとキムチの韓国風のっけ丼 …… 187

海藻類

■ **のり**　おにぎり …… 180
えび天むすび（おにぎり） …… 181
ツナマヨ（おにぎり） …… 181
とろろそば …… 193
■ **ひじき**　ひじきの煮もの …… 156
■ **わかめ**
きゅうりとわかめの酢のもの …… 166
うどとえびの黄身酢かけ …… 167
豆腐とわかめと長ねぎ（みそ汁） …… 169

野菜

■ **青じそ**
香味野菜のっけ（冷や奴） …… 141
豚しゃぶの和風サラダ …… 150
ゆできのこの梅あえ …… 167
おにぎり …… 180
ばらちらし寿司 …… 182
■ **うど**
うどとえびの黄身酢かけ …… 167
■ **オクラ**
チキンヨーグルトカレー …… 92
オクラ＋梅（茶碗蒸し） …… 125
野菜の天ぷら …… 134
とろろそば …… 193
■ **かぶ**　かぶのそぼろ煮 …… 100
菊花かぶ …… 109
■ **かぼちゃ**
チキンヨーグルトカレー …… 92
かぼちゃとチーズの春巻き …… 133
野菜の天ぷら …… 134
かぼちゃの煮もの …… 157
■ **絹さや**
じゃがいもと玉ねぎと絹さや（みそ汁） …… 169
鶏そぼろ丼 …… 187
■ **キャベツ**　野菜炒め …… 36
鶏ひき肉とキャベツのみそ餃子 …… 47
ロールキャベツ …… 64
かれいの煮つけ …… 96
豚肉のしょうが焼き …… 104
焼き豚 …… 106
キャベツの肉巻き焼き …… 113
とんかつ …… 130
キャベツメンチ …… 131
コロッケ …… 138
コールスロー …… 154
キャベツの煮浸し …… 163
キャベツとトマトと油揚げ（みそ汁） …… 169
ミネストローネ …… 171
焼きそば …… 192
かつサンド …… 195
■ **きゅうり**
豚肉のしょうが焼き …… 104
コロッケ …… 138

ミックスサンドイッチ …… 194
■ **ベーコン**
スペイン風オムレツ …… 87
ジャーマンポテト …… 159
ミネストローネ …… 171
カルボナーラ …… 190
■ **焼き豚**　チャーハン …… 184

魚介類・魚加工品

■ **あさり**
あさりとわけぎ（みそ汁） …… 169
スパゲッティ・ボンゴレ …… 191
■ **あじ**
フライの盛り合わせ・タルタルソース …… 60
■ **アンチョビ**　シーザーサラダ …… 153
■ **いか**　ばらちらし寿司 …… 182
■ **いわし**　いわしの梅煮 …… 68
いわしのごぼう寄せ揚げ …… 136
■ **えび**　えびとれんこんの餃子 …… 47
マカロニグラタン …… 48
フライの盛り合わせ …… 60
えびのチリソース炒め …… 118
えびとアボカドの春巻き …… 133
うどとえびの黄身酢かけ …… 167
えび天むすび（おにぎり） …… 181
ばらちらし寿司 …… 182
えびとブロッコリーのペペロンチーノ …… 189
■ **削り節**　ゴーヤチャンプル …… 120
ほうれん草のお浸し …… 162
焼きなす …… 165
■ **かまぼこ・かに風味かまぼこ**
かにかまぼこの卵焼き …… 89
木の葉うどん …… 193
■ **かれい**　かれいの煮つけ …… 96
■ **鮭・スモークサーモン**
鮭のムニエル …… 80
アボカドマヨネーズサラダ …… 154
塩鮭とコーンの炊き込みごはん …… 179
おにぎり …… 180
■ **さば**　さばの塩焼き …… 76
さばの粗びき黒こしょう焼き …… 77
■ **しらす干し・ちりめんじゃこ**
じゃこと万能ねぎの卵焼き …… 89
きゅうりとわかめの酢のもの …… 166
ちりめんじゃことうきゅうり（おにぎり） …… 181
高菜チャーハン …… 185
■ **鯛**　白身魚の香り蒸し …… 126
■ **たらこ**　にんじんのたらこ炒め …… 161
■ **ツナ（缶）**
ツナソースのっけ（冷や奴） …… 141
マカロニサラダ …… 151
ツナマヨ（おにぎり） …… 181
■ **ぶり**　ぶり大根 …… 98
ぶりの照り焼き …… 108
■ **ほたて（水煮缶）**
大根とほたて缶のサラダ …… 155
■ **まぐろ**　ばらちらしずし寿司 …… 182

肉類・肉加工品

■ **牛肉**　ビーフシチュー …… 72
ペッパーステーキ …… 78
肉じゃが …… 94
チンジャオロースー …… 116
プルコギ …… 122
牛丼 …… 186
■ **豚肉**　野菜炒め …… 36
豚肉のしょうが焼き …… 104
焼き豚 …… 106
アスパラガスの肉巻き焼き …… 112
豚肉の野菜巻き照り焼き …… 113
キャベツの肉巻き焼き …… 113
ゴーヤチャンプル …… 120
とんかつ …… 130
豚しゃぶの和風サラダ …… 150
ひじきの煮もの …… 156
豚汁 …… 168
焼きそば …… 192
かつサンド …… 195
■ **鶏肉**　鶏のから揚げ …… 56
チキンヨーグルトカレー …… 92
鶏のみそ照り焼き …… 109
焼き鳥・つくね …… 110
フライドチキン・フライドポテト …… 128
簡単春巻き …… 132
中華がゆ …… 176
鶏肉と根菜の炊き込みごはん …… 178
オムライス …… 183
変わり親子丼 …… 186
■ **鶏軟骨**　焼き鳥・つくね …… 110
■ **ひき肉**
ハンバーグ＋つけ合わせ …… 40
餃子 …… 44
鶏ひき肉とキャベツのみそ餃子 …… 47
シュウマイ …… 52
しいたけシュウマイ …… 55
ロールキャベツ …… 64
かぶのそぼろ煮 …… 100
鶏つくねの炊き合わせ …… 102
焼き鳥・つくね …… 110
麻婆豆腐 …… 114
キャベツメンチ …… 131
コロッケ …… 138
豆腐コロッケ …… 143
鶏そぼろ丼 …… 187
スパゲッティ・ミートソース …… 188
■ **ウィンナソーセージ**
ソーセージ入りポテトサラダ …… 149
スパゲティ・ナポリタン …… 191
■ **ハム**　ポテトサラダ …… 148

204

INDEX

スパゲティ・ナポリタン……………191
焼きそば……………192
ミックスサンドイッチ……………194

■ トマト・ミニトマト・トマト水煮缶
トマトチーズのせ（ハンバーグ）……………43
ビーフシチュー……………72
ほうれん草とトマトのオムレツ……………87
チキンヨーグルトカレー……………92
豚肉のしょうが焼き……………104
トマト＋オリーブ油（茶碗蒸し）……………125
とんかつ……………130
生トマトソースのっけ（冷や奴）……………141
マカロニサラダ……………151
きのことズッキーニの焼き浸し……………163
キャベツとトマトと油揚げ（みそ汁）……………169
ミネストローネ……………171
スパゲッティ・ミートソース……………188
ミックスサンドイッチ……………194

■ 長ねぎ　餃子……………47
鶏ひき肉とキャベツのみそ餃子……………47
えびとれんこんの餃子……………47
しいたけシュウマイ……………55
鶏つくねの炊き合わせ……………102
焼き豚……………106
焼き鶏・つくね……………110
麻婆豆腐……………114
チンジャオロースー……………116
えびのチリソース炒め……………118
プルコギ……………122
白身魚の香り蒸し……………126
簡単春巻き……………132
香味野菜のっけ（冷や奴）……………141
豆腐とわかめと長ねぎ（みそ汁）……………169
中華がゆ……………176
チャーハン……………184
高菜チャーハン……………185
まぐろとキムチの韓国風のっけ丼……………187

■ なす　チキンヨーグルトカレー……………92
野菜の天ぷら……………134
焼きなす……………165
スパゲティ・ナポリタン……………191

■ にら　餃子……………44

■ にんじん　野菜炒め……………36
ハンバーグ＋つけ合わせ……………40
ビーフシチュー……………72
肉じゃが……………94
鶏つくねの炊き合わせ……………102
豚肉の野菜巻き照り焼き……………113
ゴーヤチャンプル……………120
白身魚の香り蒸し……………126
コロッケ……………138
にんじんラペ……………152
ひじきの煮もの……………156
切り干し大根の煮もの……………157
にんじんのたらこ炒め……………161
豚汁……………168
鶏肉と根菜の炊き込みごはん……………178
スパゲッティ・ミートソース……………188

フライドチキン・フライドポテト……………128
簡単春巻き……………132
いわしのごぼう寄せ揚げ……………136
香味野菜のっけ（冷や奴）……………141
焼きなす……………165
きゅうりとわかめの酢のもの……………166
中華がゆ……………176
鶏肉と根菜の炊き込みごはん……………178
牛丼……………186
鶏そぼろ丼……………187

■ ズッキーニ
スペイン風オムレツ……………87
チキンヨーグルトカレー……………92
きのことズッキーニの焼き浸し……………163

■ スナップえんどう
鶏のみそ照り焼き……………109

■ せり　プルコギ……………122
まぐろとキムチの韓国風のっけ丼……………187

■ セロリ　白身魚の香り蒸し……………126
ミネストローネ……………171
スパゲッティ・ミートソース……………188

■ 大根・切り干し大根
さばの塩焼き……………76
ぶり大根……………98
揚げだし豆腐……………142
大根とほたて缶のサラダ……………155
切り干し大根の煮もの……………157
豚汁……………168

■ 玉ねぎ・小玉ねぎ
野菜炒め……………36
ハンバーグ＋つけ合わせ……………40
マカロニグラタン……………48
シュウマイ……………52
フライの盛り合わせ……………60
ロールキャベツ……………64
ビーフシチュー……………72
スペイン風オムレツ……………87
チキンヨーグルトカレー……………92
肉じゃが……………94
焼き鳥・つくね……………110
ゴーヤチャンプル……………120
プルコギ……………122
コロッケ……………138
ツナソースのっけ（冷や奴）……………141
豆腐コロッケ……………143
グリーンサラダ……………146
ポテトサラダ……………148
マカロニサラダ……………151
シーザーサラダ……………153
アボカドマヨネーズサラダ……………154
ジャーマンポテト……………159
じゃがいもと玉ねぎと絹さや（みそ汁）……………169
じゃがいものポタージュ……………170
ミネストローネ……………171
オムライス……………183
変わり親子丼……………186
牛丼……………186
スパゲッティ・ミートソース……………188

グリーンサラダ……………146
ポテトサラダ……………148
マカロニサラダ……………151
コールスロー……………154
簡単白あえ……………164
きゅうりとわかめの酢のもの……………166
ちりめんじゃこときゅうり（おにぎり）……………181
ばらちらし寿司……………182
ミックスサンドイッチ……………194

■ グリーンアスパラガス
アスパラガスの肉巻き焼き……………112

■ クレソン
ハンバーグ＋つけ合わせ……………40
さばの粗びき黒こしょう焼き……………77
グリーンサラダ……………146

■ 香菜（パクチー）　焼き豚……………106
えびのチリソース炒め……………118
白身魚の香り蒸し……………126
中華がゆ……………176

■ ゴーヤ　ゴーヤチャンプル……………120

■ ホールコーン（缶）
コールスロー……………154
塩鮭とコーンの炊き込みごはん……………179

■ ごぼう
いわしのごぼう寄せ揚げ……………136
きんぴらごぼう……………160
豚汁……………168
鶏肉と根菜の炊き込みごはん……………178

■ 小松菜
鶏つくねの炊き合わせ……………102
小松菜のにんにく炒め……………158

■ さやいんげん
ビーフシチュー……………72
ペッパーステーキ……………78
切り干し大根の煮もの……………157
いんげんのごまあえ……………165
鶏肉と根菜の炊き込みごはん……………178

■ しし唐辛子　さばの塩焼き……………76
揚げ出し豆腐……………142

■ しょうが・しょうが汁
餃子……………44
えびとれんこんの餃子……………47
鶏ひき肉とキャベツのみそ餃子……………47
シュウマイ……………52
しいたけシュウマイ……………55
鶏のから揚げ……………56
いわしの梅煮……………68
チキンヨーグルトカレー……………92
かれいの煮つけ……………96
ぶり大根……………98
かぶのそぼろ煮……………100
鶏つくねの炊き合わせ……………102
豚肉のしょうが焼き……………104
焼き豚……………106
ぶりの照り焼き……………108
鶏のみそ照り焼き……………109
焼き鳥・つくね……………110
白身魚の香り蒸し……………126

205

じゃこと万能ねぎの卵焼き……89	ゆできのこの梅あえ……167	焼きそば……192
かにかまぼこの卵焼き……89	■ エリンギ　スペイン風オムレツ……87	■ にんにく　ビーフシチュー……72
ゴーヤチャンプル……120	きのことズッキーニの焼き浸し……163	チキンヨーグルトカレー……92
茶碗蒸し……124	ミネストローネ……171	焼き豚……106
シーザーサラダ……153	スパゲティナポリタン……191	麻婆豆腐……114
アボカドマヨネーズサラダ……154	■ きくらげ	えびのチリソース炒め……118
うどとえびの黄身酢かけ……167	鶏つくねの炊き合わせ……102	プルコギ……122
ばらちらし寿司……182	■ しいたけ・干ししいたけ	フライドチキン・フライドポテト……128
オムライス……183	マカロニグラタン……48	シーザーサラダ……153
チャーハン……184	しいたけシュウマイ……55	焼きれんこんのサラダ……155
変わり親子丼……186	白身魚の香り蒸し……126	小松菜のにんにく炒め……158
鶏そぼろ丼……187	簡単白あえ……164	ジャーマンポテト……159
カルボナーラ……190	スパゲッティ・ミートソース……188	ミネストローネ……171
木の葉うどん……193	焼きそば……192	スパゲッティ・ミートソース……188
ミックスサンドイッチ……194	木の葉うどん……193	えびとブロッコリーのペペロンチーノ……189
フレンチトースト……196	■ しめじ　野菜炒め……36	スパゲッティ・ボンゴレ……191
こんにゃく・しらたき類	プルコギ……122	ガーリックトースト……197
■ つきこんにゃく　豚汁……168	ゆきのこの梅あえ……167	■ 白菜　餃子……44
■ しらたき　肉じゃが……94	豚汁……168	■ パプリカ・ピーマン　野菜炒め……36
乳製品	鶏肉と根菜の炊き込みごはん……178	スペイン風オムレツ……87
■ 牛乳　ハンバーグ+つけ合わせ……40	牛丼……186	チキンヨーグルトカレー……92
マカロニグラタン……48	■ マッシュルーム　ビーフシチュー……72	チンジャオロースー……116
ロールキャベツ……64	オムライス……183	スパゲティ・ナポリタン……191
じゃがいものポタージュ……170	**いも類**	焼きそば……192
フレンチトースト……196	■ さつまいも　鶏のから揚げ……56	■ 万能ねぎ・わけぎ
■ チーズ・クリームチーズ	野菜の天ぷら……134	じゃこと万能ねぎの卵焼き……89
トマトチーズのせ（ハンバーグ）……43	■ 里いも　豚汁……168	豚肉の野菜巻き照り焼き……113
マカロニグラタン……48	■ じゃがいも　ビーフシチュー……72	豚汁……168
ほうれん草とトマトのオムレツ……87	ペッパーステーキ……78	あさりとわけぎ（みそ汁）……169
かぼちゃとチーズの春巻き……133	鮭のムニエル……80	とろろそば……193
生トマトソースのっけ（冷や奴）……141	肉じゃが……94	■ ブロッコリー　鮭のムニエル……80
シーザーサラダ……153	フライドチキン・フライドポテト……128	変わり親子丼……186
焼きれんこんのサラダ……155	コロッケ……138	えびとブロッコリーのペペロンチーノ……189
ミネストローネ……171	ポテトサラダ……148	■ ほうれん草
スパゲッティ・ミートソース……188	クリーミーポテトサラダ……149	ほうれん草とトマトのオムレツ……87
カルボナーラ……190	ソーセージ入りポテトサラダ……149	ほうれん草のお浸し……162
■ サワークリーム	ジャーマンポテト……159	■ 水菜　豚しゃぶの和風サラダ……150
ロールキャベツ……64	じゃがいもと玉ねぎと絹さや（みそ汁）……169	■ 三つ葉　木の葉うどん……193
■ 生クリーム　ペッパーステーキ……78	じゃがいものポタージュ……170	■ みょうが　野菜の天ぷら……134
スクランブルエッグ……84	■ 長いも　さばの塩焼き……76	香味野菜のっけ（冷や奴）……141
プレーンオムレツ……86	ばらちらし寿司……182	豚しゃぶの和風サラダ……150
ポテトサラダ……148	■ やまといも　とろろそば……193	■ もやし　野菜炒め……36
クリーミーポテトサラダ……149	**卵類**	焼きそば……192
シーザーサラダ……153	■ うずらの卵　とろろそば……193	■ レタス・ロメインレタス
アボカドマヨネーズサラダ……154	■ 卵	フライの盛り合わせ……60
オムライス……183	フライの盛り合わせ・タルタルソース……60	キャベツメンチ……131
カルボナーラ……190	ゆで卵……82	グリーンサラダ……146
■ ヨーグルト	目玉焼き……83	シーザーサラダ……153
チキンヨーグルトカレー……92	スクランブルエッグ……84	ミックスサンドイッチ……194
豆類・大豆加工品	炒り卵……85	■ れんこん
■ 大納言（小豆）	プレーンオムレツ……86	えびとれんこんの餃子……47
炊き込み赤飯……177	スペイン風オムレツ……87	野菜の天ぷら……134
	ほうれん草とトマトのオムレツ……87	焼きれんこんのサラダ……155
	卵焼き……88	**きのこ類**
		■ えのきだけ
		豚肉の野菜巻き照り焼き……113

206

INDEX

| おにぎり | 180 |

■ **キムチ**
| まぐろとキムチの韓国風のっけ丼 | 187 |

■ **ザーサイ**
| 中華がゆ | 176 |

■ **ピクルス**
| フライの盛り合わせ・タルタルソース | 60 |

■ **紅しょうが**
| 牛丼 | 186 |

主食・皮・粉類

■ **ご飯・米**
チキンヨーグルトカレー	92
白ごはん	174
玄米ごはん	175
雑穀ごはん	175
白がゆ	176
中華がゆ	176
炊き込み赤飯	177
鶏肉と根菜の炊き込みごはん	178
塩鮭とコーンの炊き込みごはん	179
おにぎり	180
えび天むすび(おにぎり)	181
ツナマヨ(おにぎり)	181
ちりめんじゃことのきゅうり(おにぎり)	181
青菜漬けと切りごま(おにぎり)	181
ばらちらしずし	182
オムライス	183
チャーハン	184
高菜チャーハン	185
変わり親子丼	186
牛丼	186
鶏そぼろ丼	187
まぐろとキムチの韓国風のっけ丼	187

■ **餃子の皮・シュウマイの皮・春巻きの皮**
餃子	44
えびとれんこんの餃子	47
鶏ひき肉とキャベツのみそ餃子	47
シュウマイ	52
しいたけシュウマイ	55
簡単春巻き	132
えびとアボカドの春巻き	133
かぼちゃとチーズの春巻き	133

■ **うどん**　木の葉うどん　193
■ **そば**　とろろそば　193
■ **中華蒸し麺**　焼きそば　192

■ **スパゲッティ・マカロニ**
マカロニグラタン	48
マカロニサラダ	151
スパゲッティ・ミートソース	188
えびとブロッコリーのペペロンチーノ	189
カルボナーラ	190
スパゲティ・ナポリタン	191
スパゲッティ・ボンゴレ	191

■ **パン**　シーザーサラダ　153
ミックスサンドイッチ	194
かつサンド	195
フレンチトースト	196
ガーリックトースト	197

きんぴらごぼう	160
高菜チャーハン	185
えびとブロッコリーのペペロンチーノ	189
スパゲッティ・ボンゴレ	191

■ **粉唐辛子**　プルコギ　122

■ **七味唐辛子**
焼き鶏・鶏つくね	110
キャベツの煮浸し	163
えび天むすび(おにぎり)	181

■ **カイエンペッパー**
| フライドチキン・フライドポテト | 128 |

■ **カレー粉**
| チキンヨーグルトカレー | 92 |

■ **五香粉**　焼き豚　106

■ **シナモン**
| チキンヨーグルトカレー | 92 |

■ **ナツメグ**
ハンバーグ+つけ合わせ	40
ロールキャベツ	64
フライドチキン・フライドポテト	128
キャベツメンチ	131
コロッケ	138
スパゲッティ・ミートソース	188

■ **練り辛子**　シュウマイ　52
しいたけシュウマイ	55
簡単春巻き	132
かつサンド	195

■ **バジル**
| 生トマトソースのっけ(冷や奴) | 141 |

■ **パセリ**
トマトチーズのせ(ハンバーグ)	43
フライの盛り合わせ・タルタルソース	60
クリーミーポテトサラダ	149
マカロニサラダ	151
ジャーマンポテト	159
じゃがいものポタージュ	170
ミネストローネ	171
塩鮭とコーンの炊き込みごはん	179
ツナマヨ(おにぎり)	181
オムライス	183
スパゲッティ・ボンゴレ	191
ミックスサンドイッチ	194
ガーリックトースト	197

■ **ローリエ**　ロールキャベツ　64
| チキンヨーグルトカレー | 92 |
| スパゲッティ・ミートソース | 188 |

■ **わさび**　茶碗蒸し　124
| ばらちらしずし | 182 |
| とろろそば | 193 |

漬け物類

■ **青菜漬け・高菜漬け**
| 青菜漬けと切りごま(おにぎり) | 181 |
| 高菜チャーハン | 185 |

■ **梅干し**　いわしの梅煮　68
| オクラ梅(茶碗蒸し) | 124 |
| ゆできのこの梅あえ | 167 |

■ **厚揚げ**
| 鶏ねぎの炊き合わせ | 102 |
| 切り干し大根の煮もの | 157 |

■ **油揚げ**　ひじきの煮もの　156
| キャベツの煮浸し | 163 |
| キャベツとトマトと油揚げ(みそ汁) | 169 |

■ **豆腐・焼き豆腐**　麻婆豆腐　114
香味野菜のっけ(冷や奴)	141
生トマトソースのっけ(冷や奴)	141
ツナソースのっけ(冷や奴)	141
揚げ出し豆腐	142
豆腐コロッケ	143
簡単白あえ	164
豆腐とわかめと長ねぎ(みそ汁)	169

果実類・果実加工品

■ **アボカド**
アボカドソース(ハンバーグ)	43
えびとアボカドの春巻き	133
アボカドマヨネーズサラダ	154

■ **かぼす**
| いわしのごぼう寄せ揚げ | 136 |

■ **すだち**　さばの塩焼き　76

■ **レモン・レモン汁**
アボカドソース(ハンバーグ)	43
鶏のから揚げ	56
さばの粗びき黒こしょう焼き	77
鮭のムニエル	80
焼き鳥・つくね	110
フライドチキン・フライドポテト	128
えびとアボカドの春巻き	133
アボカドマヨネーズサラダ	154
オムライス	183

■ **レーズン**　にんじんラペ　152

種実類

■ **アーモンド**　にんじんラペ　152
■ **ごま**　プルコギ　122
野菜の天ぷら	134
いわしのごぼう寄せ揚げ	136
きんぴらごぼう	160
簡単白あえ	164
いんげんのごまあえ	165
炊き込み赤飯	177
青菜漬けと切りごま(おにぎり)	181
高菜チャーハン	185
まぐろとキムチの韓国風のっけ丼	187

香辛料・ハーブ類

■ **赤唐辛子**
チキンヨーグルトカレー	92
菊花かぶ	109
ツナソースのっけ(冷や奴)	141
揚げだし豆腐	142
小松菜のにんにく炒め	158

Profile

大庭英子（おおばえいこ）

料理研究家。身近な材料と普段使いの調味料で作る、簡単でおいしく、アイデアあふれた料理に定評がある。和・洋・中・エスニックのジャンルを超えた幅広いレパートリーは、どれも自然体のおいしさで、毎日食べても飽きない味わい。雑誌・新聞・広告と活躍の場も広く、あらゆる年齢層から支持を得ている。著書に『取り分け＆持ち寄り大皿レシピ』（東京書籍）、『おうちで絶品カフェごはん132』（西東社）など多数。

Staff

撮影　松島均
デザイン　羽田野朋子
スタイリング　肱岡香子
編集・構成・文　丸山みき（SORA企画）
編集アシスタント　大森奈津（SORA企画）
イラスト　シュクヤフミコ
栄養計算　角島理美
企画・編集　森香織（朝日新聞出版 生活・文化編集部）

いちばんおいしくできる きほんの料理

監　修　大庭英子
発行者　須田剛
発行所　朝日新聞出版
　　　　〒104-8011　東京都中央区築地5-3-2
　　　　電話 (03)5541-8996（編集）　(03)5540-7793（販売）
印刷所　大日本印刷株式会社

©2015 Asahi Shimbun Publications Inc.
Published in Japan by Asahi Shimbun Publications Inc.
ISBN 978-4-02-333029-0

定価はカバーに表示してあります。
落丁・乱丁の場合は弊社業務部（電話03-5540-7800）へご連絡ください。
送料弊社負担にてお取り替えいたします。

本書および本書の付属物を無断で複写、複製（コピー）、引用することは
著作権法上での例外を除き禁じられています。また代行業者等の第三者に依頼して
スキャンやデジタル化することは、たとえ個人や家庭内の利用であっても一切認められておりません。